Friedel Zimmermann
Dem verlorenen Scha *f*

Für meine
geliebte Rita

Friedel Zimmermann

DEM

VERLORENEN

WISSENSCHAFT VS. GLAUBE,

WIE GEHT DAS?

FÜR MENSCHEN
UND DENEN, DIE ES (WIEDER)WERDEN WOLLEN

Bibliografische Information der Deutschen Nationalbibliothek:
Die Deutsche Nationalbibliothek verzeichnet diese Publikati-
on in der Deutschen Nationalbibliografie; detaillierte bibliografische Daten sind im Internet über dnb.dnb.de abrufbar.

© 2019 Friedel Zimmermann
Herstellung und Verlag:
BoD – Books on Demand, Norderstedt
ISBN: 978375043183

Inhalt

PASST DIESES GEBET NOCH IN UNSEREZEIT?

DAS GEBET

Vater unser, im Himmel,

geheiligt werde dein Name.

Dein Reich komme.

Dein Wille geschehe,
wie im Himmel so auf Erden.

Unser tägliches Brot gib uns heute.

Und vergib uns unsere Schuld,
wie auch wir vergeben unsern Schuldigern.

Und führe uns nicht in Versuchung,

sondern erlöse uns von dem Bösen.

In lateinischer Sprache:

Pater noster, qui est in cælis:

Sanktificétur nomen tuum:

Advéniat regnum tuum:

Fiat volúntas tua,
sicut in cælo, et in terra:

Panem nostrum quotidiánum da nobis hódie:

Et dimitte nobis débita nostra,
sicut et nos dimittimus debitóribus nostris:

Et ne nos indúcas in tentatiónem:

Sed libera nos a malo.

Vorwort

Es ist das Gebet, das schon vor 2000 Jahren von Jesus, dem Mann aus Nazareth, den Menschen als solches gegeben wurde, um Anerkennung und Dank, aber auch mit der Bitte um Beistand, an den zu richten, der für alles Sein und Geschehen in dieser Welt, den kausalen Ursprung und dessen andauernde Gestaltung, der immerwährende Garant ist.

Es ist deshalb ein Gebet für **alle** Menschen die an einen Schöpfergott glauben, es ist nicht einer bestimmten Religion, Rasse oder auch irgendeiner Kultur zugesprochen. Nein, es steht für alle diejenigen, die sich der Schöpfung GOTTES und all dessen Begebenheiten, die sich in unserem Universum zeigen und wahrnehmen lassen, bewusst sind.

Es stellet sich daher aber auch die Frage, ob dieses Gebet noch in unserer heutigen technisierten und von Wissenschaft geprägten Welt in das Bewusstsein der Menschen Einzug halten kann.

Bei näherer Betrachtung zeigt es uns auch, wie dieses Gebet all das beinhaltet, was die Schöpfung und besonders die daraus hervorgehenden Menschen betrifft. Es verdeutlicht, dass es die Einfachheit ist, die uns dann zu Gute kommt, wenn wir uns einander anerkennen, tolerieren, achten und wertschätzen. Ja selbst der Glaube und das Vertrauen an und in die Schöpfung würde den Menschen all das zu Gute kommen lassen, was sie zum Leben benötigen.

Dies alles wären wahrhaft paradiesische Zustände, wenn es da nicht dieses Individuum von Mensch gäbe, der seinem freien Willen anheimfiel. Denn gerade dieses höchste Gut das er besitzt macht ihm am meisten zu schaffen. Er soll befähigt sein dieses Gut so einzusetzen, dass er seinen Mitmenschen helfen und dadurch sich selbst noch einen Vorteil erlangen kann. Aber in den meisten Fällen ist es gerade umgekehrt. Der Missbrauch dieses freien Willens führt dazu, vielen einzelnen Menschen oder auch Gruppen durch eine gewisse Position die sie innehalten, oder auf welcher Stufe sie stehen, andere zu unterdrücken, zu missbrauchen oder ihnen auf irgendeine andere Art Schaden hinzu zu fügen, um den eigenen Vorteil und das eigene Wohlergehen zu befriedigen. Es ist ein Trugschluss zu glauben, dass derartige Handlungsweisen ohne jedwede Konsequenz blieben. Wir können zwar freie Entscheidungen treffen, aber dafür besteht auch eine Verantwortung, die man mit übernommen hat.

Denn für alles Tun und Handeln müssen wir, auch wenn das viele nicht glauben oder wahrhaben wollen, gerade stehen.

Darum ist es ein universales Gebet, das der **gesamten** Menschheit zukommt. Dabei kann es dazu beitragen, das verlorene Schaf zur Herde zurück zu gewinnen.

Doch was will es uns sagen?
Was können wir daraus ableiten?
Wie können wir es verstehen?

Sind wir überhaupt in der Lage und auch willig, uns auf diese Weise einmal näher zu befassen und uns damit auseinander zu setzen?

Wir wollen es probieren!

Zum Schöpfer,

zuvor noch einige Zitate bekannter Wissenschaftler:

„Alle Materie entspringt und existiert nur durch eine Kraft. Wir müssen annehmen, dass hinter dieser Kraft ein bewusster, intelligenter Geist steht. Dieser Geist ist die Matrix aller Materie.

Da es aber Geist an sich nicht geben kann, sondern jeder Geist einem Wesen zugehört, müssen wir zwingend Geistwesen annehmen. Da aber auch Geistwesen nicht aus sich selber sein können, sondern geschaffen werden müssen, so scheue ich mich nicht, diesen geheimnisvollen Schöpfer ebenso zu benennen, wie ihn alle Kulturvölker der Erde früherer Jahrtausende genannt haben: GOTT!"

Max Plank, 1858 – 1947

Vater der Quantenphysik

„Jeder der sich ernsthaft mit der Wissenschaft beschäftigt, gelangt zu der Überzeugung, dass sich in den Gesetzen des Universums ein Geist manifestiert. Ein Geist der dem Menschen weit überlegen ist."

Albert Einstein, 1879 – 1955

Begründer der Relativitätstheorie

„Die Energie ist tatsächlich der Stoff, aus dem alle Elementarteilchen, alle Atome und daher überhaupt alle Dinge gemacht sind, und gleichzeitig ist die Energie auch das Bewegende".

„Der erste Trunk aus dem Becher der Naturwissenschaft macht atheistisch; aber auf dem Grund des Bechers wartet   Gott".

Werner Heisenberg, (1901-1976)
Physiker, Nobelpreisträger

„Ich habe niemals die Existenz Gottes verneint. Ich glaube, dass die Entwicklungstheorie absolut versöhnlich ist mit dem Glauben an Gott. Die Unmöglichkeit des Beweisens und Begreifens, dass das großartige über alle Maßen herrliche Weltall ebenso wie der Mensch zufällig geworden ist, scheint mir das Hauptargument für die Existenz   Gottes".

Charles Darwin, (1809-1882),
englischer Naturforscher, Begründer der
Evolutionstheorie

„Ohne allen Zweifel konnte diese Welt, so wie wir sie erfahren, mit all ihrer Vielfalt an Formen und Bewegungen, nur und aus nichts anderem entstehen als aus dem absoluten und freien Willen Gottes, der über alles herrscht und regiert".

Sir Isaac Newton, (1643-1727), englischer Physiker, Mathematiker und Astronom

„Die moderne Physik führt uns notwendig zu Gott hin, nicht von ihm fort. - Keiner der Erfinder des Atheismus war Naturwissenschaftler. Alle waren sie sehr mittelmäßige Philosophen".

Sir Arthur Stanley Eddington, (1882-1946), englischer Astronom und Physiker

„Die Religion formt das soziale Leben, gliedert die Zeiten, bestimmt oder rechtfertigt die Moral, interpretiert die Ängste, gestaltet die Freuden, tröstet die Hilflosen, deutet die Welt".

Carl Friedrich von Weizsäcker, (1912-2007), deutscher Physiker und Philosoph

Vater unser im Himmel,

Diese ersten Worte zeigen, wen wir ansprechen. Mit Vater im Himmel ist der gemeint, den wir im allgemeinen Gott, also unserer Aller Schöpfer nennen. Aber das betrifft nur diejenigen, die auch an **einen** Schöpfergott glauben.

Allein hierbei wird schon die Kritik laut, ob man in der heutigen emanzipierten Zeit Gott als Vater ansprechen darf. In einem bekannten Lied heißt es dann auch, „Wenn Gott eine Frau wär...". Hierzu muss doch einmal erwähnt werden, dass Gott über allem geschlechtlichen steht, wie auch über vielen anderen Dingen, sei es Rasse, Religion, Sprache, Kultur oder sonstigen Begriffen die uns Menschen in bestimmten Kategorien unterscheiden und einteilen. So hat auch Papst Franziskus einmal erklärt: *„Gott ist nicht katholisch"*. Er steht also über allem und kann nicht in ein von uns angegebenes Schema gesetzt werden.

Jesus hat den Ausdruck Vater gewählt. Hierbei handelt es sich um eine Übersetzung aus dem aramäischen Wort Abba, der Sprache Jesu. Dessen Bedeutung mehr auf einen älteren, persönlich eng vertrauten Menschen hinweist. In unserem Sinn kommt dies vielmehr der Fassung Papa gleich. Jenes Wort bedeutet in unserem Begriff eine tiefe vertraute Ansprache, die dem Ausdruck für Vater eine noch mehr intimere Bedeutung gibt. Daher kam es zu diesem Begriff, weil es für den Bezug zwischen IHM und dem „Vater" kein Wort gibt, dessen Geltung der Mensch Verstanden hätte. Denn unter diesem Gedanken verbinden wir eine sehr enge Beziehung zwischen zwei Personen. Nun und darin lag eben auch der Sinn, dass ER sich in eine sehr enge Verbindung zu Gottvater stellte. Ja er sagte sogar, *„Ich und der Vater sind **eins**".*

Aus dieser Aussage heraus kann man wohl auch die Dreifaltigkeit Gottes deuten. Denn der

Schöpfer Gott ist für uns Menschen nicht fassbar, Er ist durch seine Unendlichkeit nicht greifbar.

„Er ist das Größte", so sagte einmal Anselm von Canterbury, *„über das hinaus nichts Größeres gedacht werden kann".*

So wäre es Ihm gar nicht möglich gewesen, sich uns zu offenbaren, denn diese Art ist für uns Menschen nicht begreifbar. Es gab demnach nur die

Form, dass Gott sich als **Menschgewordener** in der Person Jesus zeigte. Nur so war es möglich, dass Er für die Erdenbürger erkennbar war und unter den Menschen weilte, um seine Botschaft in Form der Evangelien uns nahe zu bringen. Da aber Gott nicht aufteilbar ist, so ergab es sich, dass, um die Einheit Gottes zu wahren, eine untrennbare Verbindung sich auftat. Es ist der Heilige Geist, er steht für die große Liebe zwischen dem Vater und dem Sohn und ist damit die **Dritte Person** in der Einheit Gottes.

Ein Gott in drei Personen? Dies ist die Frage, die zumindest die Christen beschäftigt, die diese Lehre in ihrem Glauben begreifen wollen. Schon in der Urkirche war diese Formulierung von der Dreifaltigkeit ein großer Streitpunkt. Um aber eine einheitliche Betrachtung jener Deutung zu erhalten, hat man im 4. Jahrhundert auf dem Konzil von Nicäa und Konstantinopel das heute noch geltende Glaubensbekenntnis fest geschrieben, das nun auch in den meisten christlichen Kirchen gebetet wird. Eine Definition oder auch eine Erklärung über „**Eine Weisheit drei Personen**" liefert die Kirche allerdings nicht. Das ist auch nicht möglich. Denn Gott ist **nicht** beweisbar. Könnte man Gott beweisen, dann wäre es nicht Gott. Ein Beweis fordert einen Vergleich, ein Beispiel, eine Definition oder einen Nachweis. Wie aber Anfangs schon erwähnt, ist Gott das Größte über das hinaus nichts Größeres gedacht werden kann, so ist es schier unmöglich, Gott zu beweisen. Es gibt zwar vieles, um nicht zu sagen alles, das einen Hinweis auf die Existenz eines Schöpfers belegt, aber hierbei spielt nun auch der Glaube eine entscheidende Rolle. Wobei wir dabei auf den **Freien Willen** des Menschen stoßen, er kann das annehmen oder nicht.

Um aber den Grundgedanken der Dreieinigkeit doch etwas näher zu bringen, ist es gerade in unserer neuen Zeit möglich, dieses Bild einigermaßen plausibel darzulegen. Es geht um eine Technik der wir uns heute fast alle bedienen und die mittlerweile schon zum Alltag gehört. Es handelt sich um die Art der Telekommunikation. Wir sind ja nun in der Lage über große Distanzen hinweg mit anderen Menschen in Kontakt zu treten. Auf der einen Seite befindet sich ein Sender, der eine Information ausstrahlt und wenn wir über einen entsprechenden Empfänger verfügen, dann sind wir in der glücklichen Situation, diese Übertragung zu empfangen. Wir können also über große Entfernungen hinweg diese Nachricht in Bild und Ton aufnehmen. Es geht sogar noch weiter. Wir haben nun auch die Gelegenheit mit einander auf direktem Weg, ohne eine für uns sichtbare Verbindung, zu kommunizieren. Dies sollte uns nun eine einigermaßen erkennbare Denkweise sein, die dabei hilft etwas Glaubhaftes dem Gedankengut DREIEINIGER GOTT anzuhaften.

Die Erklärung:

In dem Sender sehen wir   **GOTT**

in dem nun für uns <u>sichtbaren</u> Empfänger   **JESUS**

und in den verbindenden Funk Radiowellen den HEILIGEN GEIST

Es zeigt nun, dass diese drei Komponenten eine Einheit bilden, sie sind alle miteinander verbunden. Es sind also drei verschieden wahrnehmbare Substanzen in einer Einheit geprägt.

Aber trotzdem wirkt in dieser **Eintracht** die gleiche **eine** Person.

Es handelt sich nur um eine wage Erläuterung, einen großen Begriff etwas verständlicher zu machen.

Da Gott (der Sender) nun das Größte ist, über das hinaus nichts Größeres gedacht werden kann (als Sender ist er nun zu „weit entfernt"), ist es für uns Menschen unmöglich, Ihn, in seiner Unendlichkeit, auf direktem Wege wahrzunehmen. Aber ER ist nun bestrebt sich nun doch in einer für uns erkennbare Art näher zu bringen, um uns die Möglichkeit zu geben, mit Ihm in Verbindung zu treten. Dies geschieht nun durch seinen göttlichen Hl. Geist (die

Funkwellen). Damit das jetzt auch alles bei uns ankommt, hat ER nun seinen Sohn, in dem als Mensch gewordenen Jesus (den Empfänger) in erkennbarer Weise uns geoffenbart. Um aber die Gottheit in Jesus als Mensch gewordener zu bewahren, musste die Zeugung in Maria durch Ihn selbst erfolgen. Daher ist Jesus, auch als Mensch, der Sohn des lebendigen Gottes. Er ist demgemäß der „Empfänger" in **Person**.

Soweit, mit meinen Worten, die „versuchte Beschreibung" der Dreieinigkeit. Ob es mir gelungen ist? Ich kann nur hoffen.

Doch hier tut sich nun auch die Frage auf, warum war es nötig, dass Gott in Jesus selbst auf die Erde kam um uns, gleich nach alten Überlieferungen, zu erlösen. In der Genesis, dem ersten Buch Moses, ist in der Schöpfungsgeschichte zu lesen, dass Gott den Menschen aus dem für Ihn geschaffenem Paradies vertrieb. Das geschah deshalb, weil er, der Mensch, in dem Fall Adam und Eva, sich nicht an seine Anordnung hielt. Es war wohl das einfachste Gebot, was den Menschen je auferlegt wurde. Wie bekannt, handelte es sich nur um einen Baum in der Mitte des Gartens, von dessen Früchten sie nicht essen sollten. Um aber den Freien Willen den Menschen auch als solchen verständlich zu machen, war es nun auch nötig ihm ein entsprechendes Angebot zu machen, bei dem er sich dann auch für das ein oder andere entscheiden konnte. Denn nur wenn ich die Wahl über eine bestehende Empfehlung habe, dann kann ich mich erst für das Dargebotene entscheiden. Darum das Angebot im Paradies, um diesem Freien Willen die Möglichkeit zu geben, sich einer Sache festzulegen.

Dies ist die Geschichte wie wir sie aus der Bibel kennen. Aber wie passt sie in die uns heute bekannte Welt, die aus wissenschaftlicher Sicht doch etwas anders abgelaufen ist.

Wenn man die Urschriften von diesen Begebenheiten betrachtet, so wird man feststellen, dass sie schon vor vielen tausend Jahren niedergeschrieben wurden. Also zu einer Zeit, in der die Menschen von den heute uns bekannten Geschehnissen und Vorkommnissen nichts wissen konnten. Es bedarf demnach einer gewissen Reife und Verständlichkeit dieser Ereignisse, um bei den Menschen eine Beachtung derartiger Dinge real hervorzurufen. Es war also damals von Nöten die Schilderung der Schöpfungsgeschichte so zu erklären, dass sie auch von den Menschen in jener Zeit verstanden und aufgenommen wurden. Der Sinn in diesen Erzählungen lag allein darin, die Zuhörer so weit in Kenntnis zu setzen, dass die Entstehung vor allem in einer zeitlichen, stufenweisen Erscheinung, durch einen allmächtigen Schöpfer hervorgerufen wurde. Es war darum nicht so sehr die Frage nach dem **Wie** das alles entstand, sondern sie stellte sich mehr nach dem **Warum,** in den Vordergrund.

Aus heutiger Sicht ist diese Fragestellung bei vielen Menschen gerade umgekehrt. Sie fragen nicht mehr so sehr nach dem Warum, sondern ihr Interesse gilt mehr dem, wie die ganze schöpferische Entwicklung abgelaufen ist. So interessant die ganze Wissenschaft dabei sein mag, auch meine Beachtung gilt diesem Wissenszweig, so darf man doch nicht außer Acht lassen, dass jene Fragen nach dem **Wie** und **Warum**, für ein sinnvolles Verständnis der Schöpfungsgeschichte untrennbar zusammen gehören. Denn jeder, der weiß wie etwas gemacht wird, will nun dazu wissen wofür das gut sein soll. Man will also in alle dem was geschieht und gestaltet wird einen entsprechenden Sinn erkennen, sonst würde doch die Beachtung für jenes Geschehen vollkommen schwinden, wenn es keinen Bedeutung ergäbe.

Ja und genau das ist es, was uns die Bibel mit ihrer Darstellung über den Ursprung unserer Welt erzählen möchte. Sie will uns zeigen, dass dem ganzen Erdengeschehen ein Sinn voraus geht, der uns die Geschichte etwas begreiflicher machen soll. Denn, so sehr die Menschen auch forschen und immer mehr Erkenntnisse über unser Universum erhalten, umso mehr werden sie immer nur darüber ihr Wissen erweitern, in dem sie uns nahe bringen **Wie** das alles in seiner Entwicklung zusammen gehört und abgelaufen ist. Aber die Grundfrage der Menschen ist und bleibt zudem doch immer primär das Ermitteln nach dem **Warum**.

So gesehen kann man doch gut erkennen, dass ein **Wie** nicht die Frage nach dem **Warum** beantworten kann, aber genauso ist es auch umgekehrt. Es gehören demnach beide Erkundigungen zusammen, um sich aus deren Antworten ein sinnvolles Bild zu machen.

Nach dem was wir heute kennen, wurde das Leben in seiner Urform nur einmal erschaffen und dann in allen Lebensformen immer nun weitergegeben. Eine Neuschaffung eines Lebens, so wie es von Menschen (Wissenschaftler) immer wieder versucht wird, ist daher nicht möglich. Es gilt der Grundsatz: *Leben kann nur aus Leben entstehen.* Es kann also nur weitergegeben werden. Nach derzeitiger Kenntnis wissen wir, dass schon etwa 99% aller auf der Welt existierten Lebewesen ausgestorben sind. Aber nicht eines wurde neu geschaffen. Es wurde in der gesamten uns bekannten Evolution immer nur weitergegeben. Die derzeit existierenden Lebensarten sind dadurch alle, so wie Darwin herausfand, durch geringfügige, stufenweise Veränderungen gebildet worden. Darwin konnte demnach nur die evolutionäre Entwicklung begründen. Nur wie das Leben selbst zur Tatsache wurde erkannte er nicht und hat es auch nie zu seinem Thema gemacht. Selbst seine Evolutionslehre war für ihn kein Dogma. So war dann auch seine Aussage:

„Wenn gezeigt werden könnte, dass ein komplexes Organ existiert, das sich in keiner Weise mittels **mehrerer, aufeinander folgender, geringfügiger Veränderungen** *gebildet haben kann, so würde meine Theorie mit Sicherheit zusammenbrechen."*

Doch genau hier lag schon zu seinen Lebzeiten ein Dilemma. Ihm war bereits die sprunghafte Entwicklung des Lebens im Erdzeitalter des *„Kambrium"* bekannt. Der Paläontologe Stephen Jay Gould äußerte sich über diese Epoche mit dem Satz: *„Die kambrische „Explosion" war das bemerkenswerteste und verworrenste Ereignis in der Geschichte des Lebens!"* Ein explosionsartiges Evolutionsverhalten war für Darwin, nach seinen Theorien kein erklärbares Verhalten, er gab diese Erkenntnis an seine nachfolgenden Forscher weiter, in dem Glauben, dass derartige Vorkommnisse sich durch spätere, neuere Einsichten aufklären würden. Denn nichts machte ihm mehr sorgen, als diese *„Kambrische Explosion"*.

Aber weitere hierauf folgende Forschungen haben ergeben, dass ähnliche Entwicklungsstufen, wie sie im Kambrium (vor 540 Mio. Jahren) hervortraten, der Realität entsprechen und sich zudem noch erhärtet haben.

Nur ein kurzer Hinweis, um was es sich überhaupt handelt. Es geht um einen geologisch winzigen Zeitraum von 5 – 10 Mio. Jahren. Teilen wir die Erdgeschichte einmal in 24 Std. ein, dann sind etwa zw. 4h u. 6h die ersten Einzeller entstanden. Bis 12h, ja bis 18h fanden keine große besondere Veränderungen statt. Dreiviertel des Tages sind also schon vergangen, ohne dass es wesentliche Veränderungen der Art gab. Aber gegen 21h in einem Zeitraum von 2Min., *bum!* das Leben in der Urform des noch heute existierenden Seins entsteht ohne bis dahin grundlegende Veränderungen. Die von Darwin erforderlichen Übergangsformen, die auf eine stufenweise geringfügige Entwicklung hinweisen, wurden aber weltweit noch nie durch fossile Ausgrabungen beglaubigt.

Selbst nach heutigem Wissensstand, ist genau das Gegenteil schon nachgewiesen. Es existieren Lebewesen (das wurde besonders im bakteriellen Bereich erkannt), die nicht in einer solchen Entwicklungsphase entstanden sein konnten. Es handelt sich hierbei um eine *nicht reduzierbare Komplexität*. Das bedeutet, dass eine Existenz dieses Geschöpfs nur dann geschehen konnte, wenn alle Teile seines Wesens in Gänze vorhanden waren. Würde nur **ein** Teil fehlen, dann wäre **keine** Funktion gegeben. Was darauf hindeutet, dass hierbei eine stufenweise Entwicklung **nicht** stattgefunden haben konnte.

Der Sinn der biblischen Schöpfungsgeschichte liegt also darin, den Menschen auf eine einfache und etwas, für die damalige Welt, plausible Weise nahe zu bringen. In dieser Art ist dann auch die weitergehende Geschichte zu verstehen.

Denn bei der Erschaffung des Menschen hat Gott eben diesem Geschöpf etwas mitgegeben, das für ihn Segen und Fluch zugleich war. Es war das höchste Gut was ER zu vergeben hatte.

Der **FREIE WILLE**. – Dieser ist auch schon im Artikel **(1)** unseres Grundgesetzes verankert –

Der Segen lag darin, dass Er wollte, dass der Mensch, dem auch dadurch gleichsam die **Intelligenz** zu Teil wurde, aus freien Stücken heraus sich für Ihn entscheiden und bekennen solle. Der Freie Wille kann nur dann in Anspruch genommen werden, wenn die nötige Intelligenz hierzu gewährleistet ist. Denn um eine Entscheidung zu treffen, wird eine entsprechende Information benötigt, die dazu beansprucht wird.

Dass dieses Ereignis einmal stattgefunden hat, erfahren wir aus dem, wie oben erwähnt, *„Erstes Buch Moses"*. Wann das nun alles war, in welchem Zeitraum oder auf welche Art und Weise dieses dem Menschen zu Teil wurde, wissen wir heute nicht. Aber dass jenes nun einmal geschehen ist, dafür sind **wir** heute der beste Beweis. Denn wäre das nicht so gekommen, dann würden wir uns derzeit mit alle dem, was uns über unsere eigentliche Lebensbedingungen hinaus beschäftigt, nicht befassen und weil keiner da wäre, wäre auch niemand nun in der Lage, über geistige Geschehnisse zu reden oder gar nach zu forschen. Im Gegensatz zu den anderen Lebewesen deren Bestehen nach einem von Ihm vorgegebenen Ablauf einhergeht und denen jene geistigen Fähigkeiten nicht gegeben sind.

Das Dasein war nachfolgend im wahrsten Sinne des Wortes paradiesisch.

Der Fluch allerdings war darin begründet, dass er, der Mensch, nun auch die Möglichkeit hatte sich gegen den Willen Gottes und dessen Gebot zu entscheiden. Es war also damit auch die erste Versuchung der er gegenüber stand. Es ging jetzt darum, abzuwägen für welches „Angebot" er sich entscheidet.

Wie die Geschichte ausging ist uns bekannt. Die beiden wurden aus dem Paradies vertrieben und waren nun dem Leben in und mit allen Konsequenzen ausgesetzt.

So ist es die Geschichte, wie wir sie in der Bibel lesen. Es ist die Geschichte, die uns Menschen auf eine recht einfache Art erzählen soll, was sich in der Urzeit des Homo Sapiens Sapiens zugetragen hat. Ja, und wie sich in dieser Zeit schon der Mensch seines Seins bewusst war und damit auch die Fähigkeit hatte, bestimmte Begebenheiten, die seine Umwelt offen legte, auf die eine oder auch andere Art zu bestimmen und ihr zu begegnen.

Es ist schon verblüffend, wie die Wissenschaft heute eine gewisse Parallele zu dieser biblischen Urgeschichte herstellen kann. Vor einigen Jahrzehnten kam man zu der Erkenntnis, den Stammbaum unserer Menschheit zu erforschen. Dabei kamen schon erstaunliche Feststellungen zum Vorschein.

Eine Frau, die Urmutter, lebte als die genetische „Eva" vor etwa 150.000 Jahren in Afrika. Sie war es, deren Gene als **einzige** die bis dahin lebenden Frühmenschen überlebten. Ihre Erbanlagen verbreiteten sich über den gesamten Globus und bilden heute die aber Milliarden Personen, die wir Menschheit nennen. Sie besaßen schon das gleiche uns noch heute bekannte Gehirn mit allen Fähigkeiten, die dazu nötig waren, um Steinwerkzeuge zu kreieren oder in der heutigen Zeit, Raketen zu Bauen. Es ist das gleiche Gehirn. Den Nachweis fand man durch die mitochondriale DNA. Der Bauplan des Lebens und zugleich der molekulare Code, der jeden einzelnen Menschen identifizierbar macht. Jene Mitochondrien sind die Bausteine einer jeden Zelle. Diese Eigen-DNA wird nur jeweils über die Frau weiter vererbt. Bei dem Mann ist es das Y-Chromosom, dessen DNA ist auch unveränderlich, so dass es auf die gleiche Art, bis zum genetischen „Adam" zurückverfolgt werden kann. Dadurch ist es der heutigen Wissenschaft gelungen, dass jeder derzeit lebende Mensch seinen verwandtschaftlichen Beziehungen bis zu diesen Ureltern nachspüren kann.

Es ist eine Darlegung die doch zur Folge hat, dass alle Menschen dem **einen gleichen Stammbaum** entstammen. Daher ist es Niemandem erlaubt Personen durch deren Hautfarbe oder Rasse zu diskriminieren. Denn diese Unterschiede sind nur den klimatischen und geographischen Gegebenheiten ihrer Herkunft geschuldet. Ein Anthropologe formulierte das einmal so: *„Unter der Haut sind wir alle gleich*!" Es ist also keinem Menschen gestattet sich über anders geartete Menschenrassen zu erheben, um diese in ihrer Würde herab zu setzen. Dabei ist es, in gewissen Situationen, schon ein Kapitalverbrechen, wenn sich bestimmte Menschengruppen das Privileg zuschreiben, zur „Herrschenden Klasse" zu gehören, um daraus abzuleiten, Mitmenschen auszusondern und zu verfolgen.

Jene Tatsache der Abstammung, weist ferner wieder auf die Bibel hin, in der geschrieben steht, dass Gott den Menschen als Mann und Frau erschaffen hat. Denn nur in dieser Konstellation bilden sie den Menschen und sind in der Lage ihren Fortbestand zu sichern. Es war auch der Zeitpunkt, in dem die Ehe ihren Ursprung hat. Sie beinhaltet demzufolge eine natürliche gottgegebene Einheit, die es unter allen Umständen zu bewahren gilt.

Nun aber weiter zu unserem Sündenfall. Gott hat den Menschen des Paradieses verwiesen. Das heißt, es war **geschlossen** und nicht nur für sie, also für Adam und Eva, nein, auch für alle diejenigen, die ihnen nachfolgten. Dieses Vorkommnis hat sich damit auf die hernach folgende Menschheit niedergeschlagen. Also vererbt. Daher auch der Begriff der Erbschuld oder auch Erbsünde genannt. Diese Erbsünde besteht darin, dass der Mensch fortwährend in der Lage und dazu fähig war und ist, sich gegen das Gute, für das Böse zu entscheiden. Denn in der menschlichen Nachfolgerschaft hat sich dieses Verhalten nicht mehr geändert.

Nur, eines ist sicher. Gott ist die Liebe und nachdem ER sie aus dem Paradies verwiesen hatte, hat es Ihn auch schon wieder gereut. Ja und noch im Paradiese hat Er schon auf die Erlösung hingewiesen und den Menschen in Aussicht gestellt, das Reich Gottes doch noch, unter bestimmten Voraussetzungen, durch ein Bekenntnis zu Ihm, zu erreichen.

Nur so einfach geht das nicht. Denn Gott hat ein Urteil gesprochen und ein solches Wort ist und steht für alle Zeiten. Es gab nur eine Rettung, dass ER selbst durch seine Menschwerdung die Sünden der Menschen und deren Folgen **auf sich** nahm und durch sein **Leiden und Sterben**, die Erlösung herbeiführte. Gibt es einen größeren Liebesbeweis?

Diese Geschichte erklärt auch den Hinweis auf eine göttliche Zeugung in der Jungfrau Maria. Denn es ging um die **Erhaltung der Gottheit** in Jesus, die auf einer normalen zwischenmenschlichen Beziehung hätte nicht stattfinden können. Daher ergab sich jene, von vielen bestrittene Jungfrauengeburt. Sie wird sogar im Koran Sure 3, Vers 47 beschrieben und demnach, selbst im Islam, anerkannt.

Er hat dadurch das bis dahin verschlossene Paradies oder auch Himmel, wieder für uns Menschen geöffnet, um uns die Möglichkeit zu geben durch unsere **freie** Entscheidungskraft in sein Reich zu gelangen. Es ist also für **jeden** offen, wir müssen uns nur zu Ihm bekennen und aus ganzem Herzen ja sagen. Ja und das ist für **jeden** Menschen machbar.

Daher rufen wir den Allmächtigen, um Ihm, dem wir seine Hingabe und unser Dasein schulden, der für die ganze Schöpfung und deren Welten Lauf verantwortlich ist, aus tiefstem Herzen zu danken. Denn die Geste des Dankes steht **jedem** Menschen gut, mit dem anerkennenden Ruf:

„Vater unser im Himmel."

geheiligt werde dein Name

Tritt man mit Jemand in Kontakt, um mit ihm zu kommunizieren, dann geht in der Regel dieser Begegnung eine Begrüßung voran. In so einem Zusammentreffen heißt das, dass ein Gruß als eine Einleitung zur Kommunikation ausgeübt wird. Dies kann nun auf ganz verschiedene Art und Weise von Statten gehen. Es kommt in der Regel immer darauf an, mit welchen Personen so ein Kontakt zu Stande kommt. Daher gibt es eine große Vielfalt von Begrüßungsformeln und –formen deren wir uns handhaben. Aber es sind auch reichlich viele Gesten verfügbar, denen man sich zu solchen Begegnungen bedient. Es hängt halt immer sehr vom Bekanntheitsgrad ab, wie eine derartige Begrüßung abläuft. Nun sind diese vorgenannten Verhaltens- und Handlungsweisen in unseren zwischenmenschlichen Beziehungen bekannt.

In unserem Thema geht es nun aber nicht um das Zwischenmenschliche, sondern wir wünschen und beabsichtigen einen Bezug zu Gott unserem Schöpfer herzustellen, in dem wir Ihn als unseren Vater ansprechen. Es handelt sich also um die gleichen Worte, die uns Jesus als Gebet, es war übrigens das Einzige, hinterlassen hat. Bei genauerem Hinsehen, ist es auch das Gebet, das all die Bedürfnisse von uns Menschen an den Schöpfer richtet. Was der Grund auch immer sein mag, einen Anlass findet man immer. So geht es meistens um ein Anliegen, das wir „Auf dem Herzen haben" und das uns beschäftigt. Sei es, dass es uns selbst betrifft oder aber es handelt sich um eine andere Person, die uns nahe steht. Es kann sich aber auch um Situationen handeln, mit denen man nicht direkt in Verbindung kommt, die uns aber im Sinne anderer Menschen, auch wenn wir sie nicht persönlich kennen, bewegen und für die wir bestimmte Anliegen vortragen.

Einen solchen Kontakt, den man bereit ist zu Gott herzustellen, ist allgemein unter dem Begriff **„Beten"** bekannt. - Dieser Grundgedanke kommt aus dem althochdeutsch *gibёt*, abgeleitet, nicht von *beten*, sondern zu *bitten*. (So Wikipedia.) - So gesehen geht es um ein Bitten das wir Gott vorbringen. In der kirchlichen Definition wird es aber auch als: *„Beten heißt mit Gott sprechen"* benannt.

In all unseren Gedanken, die zur Kontaktherstellung mit Gott führen, ist aber der Gruß oder auch die Ansprache, wie oben erwähnt, Eingangsbestandteil unseres Gebetes. Da man in so einer Verbindung sich nun auch bewusst ist, mit wem wir in Beziehung treten wollen, ist daher auch ein, dem Schöpfer gebührender Gruß und Anrede zu zukommen. In dieser Anrede: *„Geheiligt werde dein Name"*, wird ihm alle Verehrung und Lobpreis entgegengebracht, die zu seiner Verherrlichung beiträgt. In diesem Wortlaut sind auch die ersten drei der 10 Gebote Gottes enthalten. Denn jene beinhalten nur die Beziehung zwischen Gott und den Menschen.

Im ersten Gebot weißt der Herr darauf hin, dass Er unser alleiniger Gott ist und der Mensch keine fremden Götter neben Ihm haben soll. Es geht Ihm also zunächst darum, dass der Mensch erkennt, dass es nur **einen** Schöpfer gibt, es ist dadurch der Hinweis auf einen monotheistischen Gottesglauben gegeben. In diesem Gebot wird also eine Vielgötterei, wie sie in der Antike und zum Teil auch heute noch von den Menschen praktiziert wird, als für uns als nicht relevant angegeben. Eine Idolatrie wie sie von vielen Bevölkerungsschichten betrieben wurde, und die selbst heute wieder in verstärktem Maße ausgeübt wird, ist ein Vergehen gegen dieses erste Gebot.

Das zweite handelt davon, dass man seinen Namen achten, verehren und auch jeglichen Missbrauch vermeiden soll. An dieser Stelle werden wir darauf aufmerksam gemacht, dass man hier dem Wesen gegenüber steht, dem aller Respekt und alle Ehren gebühren. Wie auch im normalen Leben, in dem wir den Menschen achtungsvoll begegnen, denen unsere Bewunderung und Hochschätzung gilt. Es ist auch eine Art von Dankbarkeit, die man seinem Nächsten schenkt. Es ist aber zugleich eine Anerkennung dafür, dass uns schließlich die Gnade gegeben wurde, die allem materiellem fremd ist, die uns in die Situation bringt, Gefühle wahrzunehmen und zu äußern.

Bei den Juden im Alten Testament war der Name Gottes sogar so heilig, dass er erst gar nicht ausgesprochen werden durfte. Daher wurde dieser Name schon so geschrieben, dass man ihn nur in Form von vier Konsonanten darstellte. Diese bildeten das Wort **JHWH**, das auch im griechischen als Tetragrammaton, der *Vier- Buchstabe* biblische Name des Gottes Israels bezeichnet wird. Man vermied selbst die lautgeschriebene Form JAHWE und ersetzte das Wort durch Adonai, („Der Herr") oder auch als Elohim (für " Gott"). In alten jüdischen Schriften (im Talmud) wird selbst darüber berichtet, dass JHWH nur an einem heiligen Ort (d.h. für die Priester im Tempel) zu hören und auszusprechen sei. Ja es wird gar an anderer Stelle darüber berichtet, *„...wenn sich aber selbst Jemand traue, seinen Namen ungewöhnlich auszusprechen, so solle er die Todesstrafe erwarten!"*

Bei uns ist es heutzutage, Gott sei Dank, nicht mehr so dramatisch, es zeigt lediglich mit wie viel Ehrfurcht und Respekt man zu dieser Zeit mit dem Namen Gottes umging. Doch in unseren Tagen ist es schon schön und respektvoll, wenn der Name Gottes in einer achtungsvolleren Art angewandt wird.

Das dritte Gebot schließlich soll darauf hinweisen, dass der siebte Tag in der Woche, der allgemein in der jüdischen Welt als der Sabbat angesehen wurde und wird, der Tag ist, an dem die Arbeit ruht. Das geht noch auf die Schöpfungsgeschichte zurück, die sechs Tage zur Erschaffung der Welt und allen Seins beinhaltet und der siebte Tag dann jener war, an dem Gott „ruhte". In der Bibel ist weiterhin zu lesen, Gott segnete den siebten Tag und heiligte ihn. Es sollte demnach so sein, dass auch der Mensch sich zwar sechs Tage um sein Tagwerk rechtschaffend hingibt, aber am siebten Tage einen Ruhetag einlegt. Seit alters her hat man nun auch versucht, diesen Tag als einen Moment zu bestimmen, in dem der Mensch sich der Erholung, Muse und Zeit zur Besinnung widmete. Dieser Tag aber war nun nicht nur zur Ruhe und zu Erholung gedacht, sondern er sollte auch gleichzeitig als ein Tag zum Dank an den Schöpfer und zu seiner Ehre und Verherrlichung dienen. Dadurch seinen Namen zu heiligen.

Man kann also auch schon in den drei ersten Geboten erkennen, dass hier der Name Gottes geheiligt wird. ER wird also in allen Lebenslagen für unser Bitten und Flehen ansprechbar sein. Nur, sollte es sein, dass unser Anliegen nicht so in unserem Sinne abläuft und erhört wird, dann dürfen wir nicht sogleich annehmen, dass Er uns nicht erhört und das nicht will. Es sind dann Gründe oder auch Ursachen entstanden die wir nicht erfassen und begreifen können. Nur eines dürfen wir uns sicher sein, es ist letzten Endes nur zu unserem Besten. Auch wenn wir es nicht begreifen, oder es uns sogar als widersprüchlich erscheint. Darum ist es hierbei ratsam IHM unser ganzes Vertrauen zu schenken und an seiner Gerechtigkeit zu glauben. Denn nur ER allein weis was für uns zum Besten ist.

Doch zu allen Zeiten hat man mit seinem Namen Missbrauch getrieben. Selbst im Alltag kann man beobachten wie viele Menschen diese Benennung leichtsinnig und ohne erkennbaren Bezug zu Gott in manchen Situationen gebrauchen, die oft sogar seinem Willen entgegenstehen. Es sind jetzt nicht die Redensarten gemeint, die sich schon mittlerweile in unserem Sprachgebrauch wieder finden, denn diese Wörter beruhen nicht auf einem vorsätzlichen Missbrauch, sondern sind sogar oft eine unbewusste Formulierung um Gottes Beistand.

Der Missbrauch beruht doch mehr darin, wenn bewusst über Gott in abfälliger Art geredet oder gar gelästert wird. Zu alle dem gehört auch ein entsprechendes Handeln, das ebenfalls eine Verunehrung seines Namens widerspiegelt. Wenn z.B. Menschen unter falschen Angaben, sich auf Gottes Nächstenliebe beziehen, nur um den Mitbürgern gut gemeinte Taten oder auch finanzielle Vergünstigungen abzuverlangen. Aber in Wirklichkeit den erreichten

Vorteil nur für sich selbst nutzen, so ist das doch ein gewaltiger Betrug, der im Namen des Herrn begangen wurde.

Oder wenn auch Gott dazu benutzt wird, im Sport oder gar im Glückspiel den eigenen Gewinn zu begünstigen. In früheren Zeiten und zum Teil heute noch, wurden selbst Kriege und fürchterliche Gewalttaten unter dem Deckmantel der Kirche und im Namen Gottes geführt. So haben viele kriegerisch Gegner unter dem Slogan „Gott mit uns" gekämpft. Im 16.Jhd. hat man den Menschen in den jeweiligen Landesteilen die Religion aufgezwungen, die dem Landesherrn entsprach. Auch wurden über Jahrhunderte so genannte Gottesurteile gefällt, Folterungen ausgeführt, man hat die Menschen unwürdiger weise unterdrückt und ausgebeutet. Es wurde von ihnen, selbst durch Behörden, gesetzeswidrige Eide abverlangt, die sie, unter Androhungen von Strafen, gewaltsam zu Übertretungen und Meineiden führten. Ja und jene Vorkommnisse geschahen dann zum großen Teil im Namen Gottes.

Im Evangelium des Johannes wird zu Beginn des Ersten Kapitels, im Prolog, auf die Schöpfung hingewiesen.

Diese Schrift wurde in früheren Zeiten, vor dem vatikanischen Konzil in den 1960er Jahren, noch in jeder Messe an deren Ende von dem Priester gelesen. Sie war daher auch unter dem Begriff, „Schlussevangelium" bekannt.

Sie beginnt mit den Sätzen:

Im Anfang war das Wort, und das Wort war bei Gott und Gott war das Wort.

Schon im Anfang war es bei Gott. Durch das Wort ist alles geworden, und nichts ward geworden ohne das Wort.

In Ihm war Leben, und das Leben war das Licht der Menschen... .

Hier wurde mit dem Ausdruck **Wort** der bezeichnet, der später auch als Mensch gewordener Gott in Jesus erkannt wurde. Diese Menschwertung war deshalb nötig, um Ihn den Menschen als **Person**, so nahe zu bringen, dass sie eine begreifbare Beziehung, durch Jesus, zu dem Allmächtigen bewirken konnte. Man kann den Begriff Wort noch besser verstehen wenn man seine Bedeutung aus der griechischen Übersetzung, dem **„Logos"** in Betracht zieht. Denn Logos steht nicht nur für Wort, sondern es hat eine wesentlich aussagekräftigere Geltung und geht gleich einher mit der Beachtung für das Sein, Rede und Sinn, wie geistiges Vermögen und die daraus entstehende Vernunft. Aber auch Logik und die oft verwendete Endung –*logie*, sowie vieles mehr, gehen auf diesen *Logos* zurück.

Jesus gilt demnach als das *„Ohr und das Sprachrohr, also das Wort Gottes"*, nur durch Ihn gelangt man zum Schöpfer, weil nur er der für uns Menschen das Wahrnehmbare ist, durch den wir Gott mit unseren Anliegen erreichen. In keiner anderen monotheistischen Religion ist ein derartiger Bezug zu Gott gegeben. Da Er sich als Person gezeigt hat, ist es auch den Menschen möglich Ihn bildhaft dar zu stellen. Denn gerade jene Form der Veranschaulichung Gottes ist ja in den anderen monotheistischen Bekenntnissen untersagt, weil diese Art der Illustration eines unendlich großen Schöpfers nicht möglich ist.

Die Anrufung des Namen Gottes bedeutet also einen genauen Hinweis darauf, dass wir den Namen des Herrn nicht in einer unnützen oder gedankenverlorenen Weise gebrauchen sollen. Es ist nicht gut den Namen Gottes unnötig zu entrichten, sondern ihm vielmehr zu jeder Zeit tiefe Ehrerbietung und aufrichtige Achtung zu bekunden. Denn es sollte jedem Menschen die große Bedeutung und *Heiligkeit* dieser Anrede, dem er zugleich seine Existenz verdankt, bewusst sein.

Daher die Ehrerbietung:

„geheiligt werde dein Name!"

Dein Reich komme.

Als Jesus vor Pilatus stand, der über Ihn zu „Gericht" saß, sagte Er:

„Mein Reich ist nicht von dieser Welt, wäre mein Reich von dieser Welt dann würden meine Diener kommen und für mich kämpfen!"

Wo ist also das Reich Gottes um das wir hier bitten, und was erwarten wir davon.

Dass es nicht von dieser Welt ist, wird uns Tag täglich vor Augen geführt. Wir sehen Krieg, Terror, Gewalt, Krankheit, Leid und Tod. Wir erfahren ständig in den Medien von Korruption, Mord, Totschlag, Katastrophen. Wir sehen zerrüttete Familien, Kinder, um die sich niemand kümmert, wir hören von Hunger und Elend in großen Teilen der Welt. Es ist ein Lebensbereich der von uns Menschen gemacht wurde und in den wir uns selbst hinein manövriert haben. Das kann nicht das sein, was wir als Reich Gottes vermuten. Es zeigt uns doch in aller

Deutlichkeit, was aus dem einstigen „Apfelklau" im Paradies geworden ist. Wenn man nun dieses ganze Geschehen auf unserer Erde wahrnimmt, dann kann man schon auf die Idee kommen und sich fragen, war die schöpferische Entscheidung, uns einen Freien Willen und damit auch Intelligenz zu geben, nicht die Ursache von den heutigen Begebenheiten? Wäre es für uns nicht besser gewesen, den restlichen Lebewesen gleich, durch einen Instinkt oder einen sonstigen „Plan" unser Leben zu fristen? Das wäre vielleicht eine Lösung gewesen, aber dafür wurde der Mensch nicht erschaffen.

Der Wille Gottes lag darin, dass Er einen Menschen wollte, nach seinem Bild und Gleichnis, wie es in der Bibel heißt. Damit war klar, dass es hierbei um ein Wesen geht, das eigene Auflagen vornehmen kann. Denn um Entscheidungen zu fällen war noch ein weiterer Aspekt von Nöten, die Intelligenz. Denn durch diese Funktion war dieses Wesen allen anderen Geschöpfen überlegen. Der Mensch ist dadurch in der Situation kreativ zu sein, Zukuftsplanungen zu machen. Er besitzt die Möglichkeit seine Umwelt zu verstehen, auf verschiedene Art und Weise in und mit ihr zu verfahren. Er ist dazu in der Lage, unser Welt selbst bis hinaus in die Weiten des Alls zu erforschen. Er kennt alle Elemente die in unserer Materie enthalten sind und wie sie einander agieren.

Auf allen Gebieten der Wissenschaft und Technik hat er große Errungenschaften erzielt. Ja, er wäre sogar in der Lage den Hunger in der Welt zu beenden. Der Mensch wurde auch selbst an der **Schöpfung** beteiligt, in der er den Auftrag hatte sich selbst zu vermehren und sich die Erde „Untertan" zu machen. Ja, dies alles wurde dem Menschen gegeben und es würden schon beglückende Zustände herrschen, wenn da nicht dieser Freie Wille wäre.

Denn dieser hat ihn auf die Idee gebracht, dass es ihm auch möglich ist, seinen Mitmenschen gegenüber Macht auszuüben. Weil diese Macht ihn befähigte Andere für sich zu Nutze zu machen.

Zunächst ging es nur um seine Stärke anderen Menschen gegenüber, die er sich zu seinem Gewinn machte um sie sich zu unterwerfen und sie dadurch zu seinem Vorteil zu nutzen und auszunutzen. Die nun erreichte Macht gebrauchte er jetzt dafür, seine in ihm entstandenen Wünsche und Gelüste zu verwirklichen. Das trieb ihn folglich zu immer mehr Besitz, was dann auch die Eigenschaft der Gier hervor rief. Dies alles erzeugt in seiner Umwelt wieder Neid und Hass, das dann im Endeffekt zu Mord und Totschlag führen kann. Ja er wäre sogar heute in der Lage sich selbst und fast alles leben in der Welt zu zerstören. Nur, er hat auch hier die Möglichkeit sich zu entscheiden und das Ergebnis seiner Macht für die Menschen einzusetzen um vielen Gutes zu tun, um sie an den vielen nützlichen Errungenschaften teilnehmen zu lassen. Eine auch durchaus positive Entwicklung.

Es keimte aber schon in frühester Zeit der Grundgedanke zu herrschen und zu besitzen. Durch den Menschen selbst in die Welt gelegt, haben diese Eigenschaften im Laufe der Zeit immense Ausmaße angenommen, die einmal mehr und einmal weniger, die jeweils „untergeordneten" Menschen in harte Bedrängnis brachten. Dass jene Zustände noch bis in die heutige Zeit, unverändert hinein reichen, wurde bereits eingangs erwähnt.

Durch diese nun entstandenen Tatsachen in unserer Welt haben viele Menschen den glauben an einen liebenden und barmherzigen Gott verloren. Sie können nicht verstehen, dass es da einen Gott gibt, der derartige Zustände und Verhältnisse zulässt. Daher nimmt auch die Zahl der Gottlosen zu. Aber wie bei allen Dingen und Begebenheiten gibt es Vor- und Nachteile. Denn durch Seine Zusage, den Menschen freie Entscheidungen zu gewähren, ist es ihm nicht möglich in das nun entstandene Weltgeschehen einzugreifen, denn würde ER das tun, dann wäre das ein Widerspruch zu seinem Versprechen. Aber Er lässt uns trotz alle dem nicht im Stich. Es gibt viele Momente im Leben, in denen ER auch hilfreich zur Seite steht. Es sind Situationen, die in den meisten Fällen nicht so klar als solche Hilfen erkennbar sind. Aber man kann oft bemerken dass da Dinge geschehen, die wir so im Normalfall nicht erwartet hätten. Wir sagen dann ganz lapidar: *„Der oder die hatte einen guten Schutzengel!"* Oder es sind Geschehnisse die selbst durch mehrfach wissenschaftliche Untersuchungen nicht zu erklären sind.

Diese Vorkommnisse werden allgemein als Wunder bezeichnet. Sie sind also auch durch empirische Untersuchungen nicht zu erklären, da sie im jeweiligen Fall nur **einmal** vorkommen und nicht wiederholungsfähig sind. Es ist jenes Ereignis, durch das Gott seine Größe und Macht offenbar werden lässt, so dass der Mensch Gott erkennt, ist im Sinne der Bibel ein **Wunder**. Es muss also nicht unbedingt eine überirdische Kraft am Werk sein oder ein Naturgesetz durchbrochen werden. Aber sooft solchermaßen Wunder auch geschehen, so gibt es doch viele Menschen, die sich mit derlei Ereignissen nicht anfreunden, das ist dann wiederum ihre freie Entscheidung. Denn es geschehen oft Wunder auf unserem Planeten, die so gar wissenschaftlich anerkannt sind, weil sie in keiner Weise erklärbar sind. Aber viele Personen weigern sich trotzdem derartige Vorkommnisse als Wunder an zu erkennen. Es ist demnach kein wissenschaftliches, sondern mehr ein emotionales Problem. Es sind vor allem Leute, die die Wissenschaft zu ihrem Glauben machten, aber in solchen Situationen ist es mit diesem „Glauben" dann auch wieder vorbei.

Viele Erdenbürger sind nun aber, weil sie zur unterdrückten Seite der Personen gehören, die auch noch von einer Minderheit beherrscht wird, mit einer solchen Welt nicht so zu frieden. Dadurch entsteht bei vielen, selbst denen, die derartigen Unterdrückungen nicht so ausgeliefert sind, das Verlangen nach einer besseren, heileren Welt. Deshalb sind es nun auch die Gläubigen, die die Bitte äußern: „Dein Reich komme". Es ist die Sehnsucht der Menschen nach Liebe, Frieden, Ruhe Zuversicht und Geborgenheit. Aber in dieser Bitte ist auch ein Ansinnen enthalten, dass wir, um dieses Ziel zu erreichen, alles in unserer Macht stehende tun wollen, ein menschliches und gottgefälliges Leben zu führen. Denn das sind nun mal die Voraussetzungen die zum Erlangen dieses Reiches erfüllt sein sollen. Es ist also allein der feste Glaube an GOTT, der uns Geschöpfe auf seine Gnade und Barmherzigkeit hoffen lässt. Für diejenigen, die sich in ihrem Leben aber nicht für Ihn entscheiden konnten und auch seinen Geboten nur in geringer oder gar in keiner

Weise gefolgt sind, die werden der vollen Gerechtigkeit Gottes anheimfallen. Auch hier zählt wieder der **Freie Wille** und Er wird bestimmt keinen ins Paradies zwingen.

Wo aber ist dieser Himmel? Es handelt sich hierbei um einen „Ort" an dem uns nun auch das ewige Leben versprochen wird. Dieser Platz von dem wir nicht wissen wo er ist und wie er sich uns darstellt, ist bestimmt weit jenseits unserer Wahrnehmungskraft. Er ist mit unseren diesseitigen Begebenheiten von Raum und Zeit nicht mehr vergleichbar. Jener Punkt geht also weit darüber hinaus was wir uns auch nur im Entferntesten Sinn vorstellen können. Da es also ein „Ort" ist, der in unserem Raum-Zeit-Gefüge keinen für uns wahrnehmbaren Platz einnimmt, können wir davon ausgehen, dass er sich in einer anderen „Ebene" befindet. Eine Stelle also, die weder an Materie noch an Vergangenheit und Zukunft gebunden ist. Dieser Ort wurde auch oft in das Reich der „Sphären" verwiesen. Es gibt aber demnach nur noch den Zustand der **Gegenwart**. Auf diesen zeitlosen Status hat Jesus selbst einmal im Evangelium nach Johannes Kap.8 Vers 58 hingewiesen. Mit den Worten: *„Wahrlich, wahrlich, Ich sage euch: Ehe denn Abraham ward, **bin** Ich!"*

Auch kann man bemerken, dass der mehrfache Gebrauch des Wortes „heute" in den Evangelien in vielen Fällen auch als ein Hinweis auf die Gegenwart zu verstehen ist. Denn dabei wird auf die immerwährende Daseinsform hingewiesen, dem das jeweilige Ereignis unterliegt. So ist z.B. die Stelle im Evangelium nach Lukas Kap.23 Vers 42-43 ein Indiz für diese Begebenheit. Sie liegt in den letzten Worten die Jesus am Kreuz gesprochen hat. Es ist die Passage, in der ein Übeltäter, der ebenfalls an seiner Seite am Kreuze hing, die Bitte an Jesus richtete, mit den Worten: *„Gedenke meiner, Herr, wenn Du in Dein Reich kommst!"* Und Jesus sprach zu ihm: *„Wahrlich, Ich sage dir, **heute** wirst du mit Mir im Paradiese sein!"* Wie aber bekannt, war die Auferstehung Jesu erst drei Tage später am Sonntag. Aber dieser zeitliche Begriff ist nur für uns Menschen zu verstehen, um das ganze Geschehen in einem begreiflichen Ablauf zu sehen. Der Ausdruck „heute" ist folglich hier nicht nur für die jeweilige Zeit gültig. Sondern er steht gegenwärtig, außerhalb von Raum und Zeit. So ist es auch die gegenwärtige Realpräsenz Jesu, bei der Feier der katholischen Messe, in der Eucharistie zu verstehen. Sie, die Eucharistie, wird dabei nicht zum wiederholten Male gefeiert, sondern immer in der **Allgegenwärtigkeit** Gottes.

Das bedeutet, dass unsere Schöpfung kausal in dieser Gegenwart liegt und deren Zeitstrahl, ähnlich einem Kreis, als Endpunkt wieder in den Beginn oder Anfangspunkt, also in der Gegenwart zurückkehrt. Genau gesagt: Wir haben diesen Zustand der Wirklichkeit nie verlassen. Wir sind aber nicht in der Lage, in Raum und Zeit diese Realität Wahrzunehmen und zu erfassen. Das erklärt, dass die Zeit nur durch Vergangenheit und Zukunft gegründet ist. Es ergibt sich daher für uns Menschen nur ein nicht wahrnehmbarer **Schnittpunkt** zwischen Vergangenheit und Zukunft.

Es stellt sich hierbei eine Angelegenheit (die Gegenwart) dar, der wir zwar zeitlebens ausgesetzt sind, sie aber genau genommen gar nicht realisieren. Diese Möglichkeit bleibt uns also verwehrt. Denn wenn unser Gehirn unsere Umgebung realisiert, gehört diese schon der Vergangenheit an. Auch wenn sich das alles im Millisekunden Bereich abspielt, so ist sie dennoch schon vorüber. Am deutlichsten kann man dieses Vergangenheitsereignis akustisch Wahrnehmen. Bei einem Gewitter können wir zwar schon einen Blitz in weiter Ferne erblicken, aber den dazu gehörenden Donner nehmen wir erst Sekunden später wahr. Man nimmt nun etwas akustisch wahr, das schon der Vergangenheit angehört.

Wenn wir uns des Nachts den Sternenhimmel betrachten, dann ist das Ganze noch viel extremer. Denn da handelt es sich um visuell beobachtbare Himmelskörper, die selbst bei der hohen Lichtgeschwindigkeit einen Blick in die Vergangenheit erlauben, die teils vor tausenden von Jahren schon ihr Licht zu uns sandten. Schaut man nun noch durch ein Teleskop, dann wird es noch extremer, so dass man schon von Millionen, ja Milliarden von Jahren, oder gar Lichtjahren spricht, die man in die vergangene Zeit blicken kann. Da nun das Vergangene vergangen ist und das Zukünftige irgendwann nicht mehr sein wird, wird nur noch die Gegenwart das sein, das wir als Ewigkeit bezeichnen. Denn alle zeitbezogene Begriffe, wie immer, ewig, allzeit oder gar unendlich usw. haben keinen Bezug mehr.

„Es ist nicht möglich, zweimal in denselben Fluss zu steigen. Immer ist alles im Flusse.
Es fließe das All nach Flusses Art!"
- *„Panda Rei"* alles fließt -
Diese Sätze stammen von dem griechischen Philosophen Heraklit, sie drücken nun das aus, was unser Leben ausmacht. Wir unterliegen ständischen Veränderungen im Laufe unseres Lebens. Aber nicht nur wir Menschen sondern **ausnahmslos** alles was sich auf Erden bewegt oder scheinbar nicht bewegt,

unterliegen, wie alles andere in unserem Universum, fortwährendem Wandel.

Es ist ein ständiges Werden und Vergehen, das irgendwann in ferner Zukunft darin gipfelt, dass jedes einzelne Objekt in unserem Universum bis in den atomaren Bereich hinein zerfällt und seine Energie zurückgibt. Denn wenn keine Energie mehr zugegeben wird, dann wird alles Materielle aufgelöst. Somit folgt die Materie dem zweiten Hauptsatz der Thermodynamik und sie endet restlos in der Entropie, die dann die Energie an die Schöpfung wiedergibt. Das ist nun auch der Moment, in dem mit dem Zerfall des letzten Atoms, Raum und Zeit nicht mehr existent sind. Es ist aber jetzt nicht so, dass auf die Zeit die Ewigkeit folgt. Nein, die „Ewigkeit" ist die, zuvor schon erwähnte, immer währende Gegenwart, in die Raum und Zeit, als deren Bestandteil, eingebettet sind. Denn die Zeit bestimmt das, was durch entstehen und erlöschen innerhalb des Raumes abläuft. Sie ist demnach rein durch das Vorhandensein von Materie bestimmt.

Das einzige das bleiben wird ist Energie, denn sie hat ewigen Bestand. Aus ihr heraus ist einst alles entstanden und sie ist es auch, die allgegenwärtig zugegen ist. Dies ist eine Tatsache und wird schon im ersten Hauptsatz der Thermodynamik aus wissenschaftlicher Sicht beschrieben und bestätigt.

Elektronen sind es auch, die elementar sind und die nicht zerstört werden können, sie haben ewigen Bestand und werden darum das Universum überdauern. Sie sind auch mit die Grundlage unseres Seins. Der bekannte Hirnforscher Prof. Dr. W. Hollmann formulierte das einmal so: *„Unser Wesen und das damit verbundene Denken und Handeln ist durch jene Elektronen geprägt. Sie sind es, die für jeden Gedanken, für jedes gesprochene Wort und für jedes einzelne Tun wie „Pakete" miteinander verbunden sind."* Diese Art ist einander kohärent, man nennt sie außerdem „Zwillingselektronen" die voneinander nicht trennbar sind. Diesen Zustand kennt man auch unter dem Begriff der Teilchenverschränkung. Selbst wenn sie über Millionen von Lichtjahren auseinander liegen, so tun sie **zeitgleich** jeweils das gleiche. Es ist also hierbei schon Raum und Zeit nicht mehr vorhanden. Eine Verschränkung, die auch unter dem EPR-Effekt (benannt nach Einstein, Rosen, Podolsky) bekannt wurde. Albert Einstein nannte sie die „spukhaften Teilchen". Dies´ deutet auch darauf hin, dass sämtliche Atome einmal zerfallen werden, so wie es in der schwachen Kernkraft (ein Naturgesetz) beschrieben ist, was gleichzeitig auch das finale Ende der Materie bedeutet. Das alles wird zwar noch Billionen von Jahren andauern, aber und das ist gewiss, wird der Zeitpunkt kommen in dem sich das letzte Atom auflösen wird. Denn nur die Materie bestimmte den Raum und durch ihren Zerfall wird nun auch die Zeit keinen Bestand mehr haben. Diesem irdischen Gefüge sind wir alsdann nicht mehr unterworfen. Auf diese Art und Weise könnte der Zustand der menschlichen Seele, die unser ganzes Wesen beinhaltet, ewiges Dasein haben. Es wäre dies auch eine Basis, in der eine **personelle leibliche** „Wesensgestallt" der Seele möglich ist. Denn es ist die Seele, die in unserer Emotio (Gefühl) erkennbar ist. Sie ist es auch, die das als **Medium wirkende Gehirn** benutzt, um in unserem Geist, der Ratio (Verstand), sich zu offenbaren.

An dieser Stelle sei noch einmal an einen Vergleich hingewiesen, der etwas, in begreiflicher Weise, unserem heutigen Verständnis näher kommt. Es ist der uns fast allen bekannte und benutzte Computer. Um mit ihm in einer tauglichen und damit nutzvollen Art umzugehen, sind zwei Tatsachen von Nöten. Es ist in dem einen, die Hardware, die das Gerät selbst in seiner materiellen Form, in allen technischen Einzelteilen bestimmt. Zum anderen wird nun auch eine Software benötigt, um einen sinnvollen gebrauch dieses Gerätes zu gewährleisten. Es ist also dringend wichtig, dass diese **beiden** Substanzen **gemeinsam** den zweckmäßigen Gebrauch dieser

Anlage garantieren. Genau das Prinzip ist auch für die Funktion des Menschen, hier speziell auf sein Gehirn bezogen, von elementarer Wichtigkeit. Weil in diesem, sehr komplexem Gehirn, die Hardware, also die Ratio erkannt wird und in der Software die Emotio zu verstehen ist. Aus diesem Anlass heraus ist es auch, allein aus menschlicher, sittlicher und ethischer Form grundlegend nicht hinnehmbar, einem Menschen mit einem kranken, nicht mehr in allen Formen funktionierten Gehirn, ins Abseits zu stellen. Es gab sogar Zeiten, ja es gibt sie auch heute noch, in denen derartige, bedauernswerte Geschöpfe für medizinische Forschungen benutzt, oder gar getötet wurden oder werden, weil ihre Existenz sich nicht mehr als anerkannt beachtet darstellt, egal in welcher Lebensform sie sich auch entfalten.

Es ist uns daher die Möglichkeit gegeben in dem Sein der Seele, nach deren körperlichen Befreiung, die Barriere zur Unendlichkeit zu überschreiten.

Aber in unserer irdischen Welt ist es uns nicht gewährt, das Unendliche als Realität hinzunehmen. Obwohl auch schon in früheren Zeiten immer wieder der Versuch unternommen wurde, gerade diese Unendlichkeit zu beweisen, so muss man sich doch eingestehen, dass dies nur in der Theorie in mathematischer Form behandelt werden kann. Gerade diese Unendlichkeit wollt der 1845 in St. Petersburg geborene Mathematiker Georg Cantor beweisen. Sein Ausspruch: *„Das Wesen der Mathematik besteht gerade in ihrer Freiheit!"* An seiner später erfolgten Professur in Halle, wobei er auch als Begründer der Mengenlehre agierte, wurde er nun als der Entdecker der Unendlichkeiten bekannt. Das ist ihm da auch in exzellenter Weise gelungen, aber halt nur in der theoretischen Mathematik. Real ist das in der materiellen Welt nicht mehr.

Auch im Altertum waren schon die Unendlichkeiten bei dem Philosophen Xenon ein Thema. Denn von ihm stammt schon die Geschichte vom Wettrennen zwischen Achilles und der Schildkröte.
Seine Theorie:
„Wenn die Schildkröte ein bisschen Vorsprung hat, dann kann Achill´ sie nie erreichen. Weil, wenn Achill´ dahin kommt wo die Schildkröte grade war, dann sie schon wieder weg ist".
So ist es auch mit einem Pfeil, der über eine bestimmte Strecke fliegt. Denn jede Strecke die der Pfeil zurücklegt, kann man „unendlich" halbieren, so dass der Pfeil niemals ankommt. Aber nichts endliches, hier der Pfeil, kann „unendliches" überwinden. Ergo, es gibt nichts „unendliches" in der Materie. Schon der britische Philosoph und Mathematiker Bertrand Russel sah in seinem Werk der *Antonomie,*

das es in der Summe und Existenz aller Entitäten eine **Größte Zahl** gibt (bei den alten Griechen von Archimedes auch als die *„Sand Zahl"* bezeichnet), mit der er auf die Endlichkeit des irdischen Seins verwies.

Zu diesem Thema noch ein Zitat von Albert Einstein:

„Sofern die Gesetze der Mathematik sich auf die Realität beziehen, sind sie unsicher, und sobald sie sicher sind, beziehen sie sich nicht auf die Realität!"

In all diesen genannten Dingen ist das Zusammenspiel von Materie und Geist zu erkennen und daher für unsere bekannte Existenz nicht trennbar. Aber, Materie ist ein begrenzter Begriff. Er ist an Raum und Zeit gebunden. Geist hingegen ist von derartigen Begrenzungen frei. Er steht daher über der Materie und ist insofern vollkommener. Aus dieser Tatsache heraus, ist es folglich unmöglich geistiges Gut (genannt Information) durch oder mit materieller Substanz erklären zu können.

Somit ist dann auch ein eintreten in das Reich Gottes, unter gegebenen, den Glauben stärkenden Voraussetzungen vorstellbar. Wir können also davon ausgehen, dass das Reich Gottes schon hier auf unserer Erde für uns seinen Anfang nimmt,

wenn wir dem Wunsche Gottes in unserer Lebensweise nahe kommen.

Denn mit einer, von Herzen kommenden Bitte,
äußern wir ja den Wunsch in einem Bekenntnis zu
ihm, in **freier** Entscheidung alles zu tun, was dieses
Begehren unterstützt.

Die da lautet:

„Dein Reich komme"

Dein Wille geschehe, wie im Himmel so auf Erden

Was begreift man unter dem Willen Gottes? Dieser
Wille ist das was uns umgibt. Ja, es ist das, was uns
in unsere Existenz getrieben hat. Es ist die Schöpfung unseres Universums. Das Entstehen aller sichtbaren und unsichtbaren Dinge. Mit dieser irdischen
Schöpfung war auch gleichzeitig die des Himmels,
wie im vorigen Artikel erwähnt, verbunden. Denn
durch die Schöpfung der Materie ging auch im
gleichen Moment die Trennung von Himmel und
Erde einher. Es war die Trennung, die in ihrem

eigentlichen Sinn zwei verschiedene Zustände beschreibt, die grundlegend von einander verschieden sind. Denn jeder Zustand ist so voneinander getrennt, dass er nur von der höheren auf die niedrigere Stufe zu verstehen ist. Nicht aber umgekehrt. Die untere ist die der Materie, die die gesamte von uns wahrnehmbare Schöpfung enthält.

Die zweite höhere Ebene, ist die der geistigen Welt, die nur durch eine entsprechende Haltung in der materiellen Welt erreicht werden kann. Obwohl wir uns schon dieser geistigen Welt bedienen, sind wir durch unseren Körper daran gehindert, sie als solches wahr zu nehmen. Dies mag wohl jetzt alles etwas esoterisch klingen, aber bei genauem betrachten, kann man sehr wohl eine wahrnehmende Verbindung zwischen diesen beiden Zuständen erkennen.

Denn wir Menschen, und für die wurde dies ja nun alles ausgearbeitet, sind in der Lage, obwohl wir uns in der unteren Ebene befinden, auf einem geistigen Level zu orientieren. Wir erkennen unsere Umwelt. Wir stellen Fragen nach unserer Herkunft, wir zeigen Interesse für das was wir hier tun und letzten Endes wollen wir auch wissen, wo das alles einmal hinführt und was mit uns geschieht. Es ist also die entscheidende Frage nach dem Sinn von allem.

Dies alles sind Fragen, die sich nur der Mensch stellt. Kein anderes Lebewesen auf unserem Planeten wird diesen Rätseln nachgehen. Es bedarf einer höheren Intelligenz, sich mit derlei Erkundigungen zu beschäftigen. Das können wir auch schon in unserem Alltag erkennen, dass jedes Tun und Handeln uns einer geistigen, sinnvollen Forderung unterwirft. Man kann also in unserem Dasein erkennen, dass Geist und Materie zusammen gehören, wenn aus unserem Schaffen etwas für uns Nützliches entstehen soll. Wir sind dadurch in der Lage kreativ zu sein, uns schöpferisch zu betätigen und eine Zukunftsplanung zu unternehmen.

Im Gegensatz zu einem Tier das sein Nest, Bau oder wie man auch sonst seine Behausung nennen mag, schon seit seiner Schöpfung immer in der gleichen Weise fertig stellt. Eine Veränderung ist dann meistens nur durch eine Wandlung der Umwelt bedingt. Wir sehen also, dass bei Tieren keine große Intelligenz benötigt wird, um sich in ihrem Bereich den Gegebenheiten anzupassen. Ihnen ist dies nun mal durch ein „Programm", was wir schlechthin Instinkt nennen, eingegeben. Damit sind einer Umgestaltung ihre Schaffenskraft sehr enge Grenzen gesetzt.

Der Mensch ist mittlerweile in der Lage seine Umwelt im Griff zu haben. Das glaubt er zumindest.

Er ist wissenschaftlich auf einem hohen Niveau angekommen. Das ist übrigens die Meinung jeder Generation. Doch es ist halt unumstritten, dass er zumindest schon sehr viel über den Aufbau unserer Materie bis an die „Grenzen" unseres bekannten Universums kennt. Er weiß, dass unser Kosmos aus 92 natürlichen Elementen besteht, die er alle hier auf unserer Erde erkannt hat. Ja er kann dadurch behaupten, dass es **alle** Elemente sind, weil es in ihrem Periodensystem keine Lücken mehr gibt und sie deshalb vollständig vorhanden sind. Er hat begriffen, dass unser Weltall vor 13,82 Mrd. Jahren aus einem „Urknall" heraus entstanden ist. Ja dieses Ereignis wurde erst in den 1920er Jahren durch den Amerikanischen Astronomen Edwin Hubbel in Erfahrung gebracht. Er erkannte durch seine teleskopischen Beobachtungen, dass sich das Universum ausdehnt, und das immer schneller, je weiter die beobachtbaren Körper auseinander liegen. Diese Theorie über die Expansion des Universums wurde aber schon zwei Jahre zuvor von dem belgischen Theologen, katholischen Priester und Astrophysiker Georges Edouard Lemaitre 1927 publiziert, er gilt daher als der Begründer der „Urknalltheorie". Dazu war auch noch die, eigentlich zufällige, Entdeckung der Hintergrundstrahlung, in den 1960er Jahren, durch Penzias und Wilson, ein weiteres Indiz für das besagte Vorkommnis. Aus diesen Geschehen heraus, ist es nun möglich, auf Grund der heute geltenden physikalischen Gesetze, das Alter unseres Universums zu bestimmen.

Aber es ist nun auch die Frage, ob das alles auch tatsächlich so abgelaufen ist. Schon in der vorletzten Jahrhundertwende lebte ein Mann, den man mit einer bestimmten physikalischen Erkenntnis zusammen bringt. Es ist Max Plank. Er befasste sich mit dem **„Kleinsten"**, was wir durch Messungen erkennen können. Man spricht von der so genannten „Plank Welt". Diese Angaben beschreiben wie der Ursprung unseres Universums rein physikalisch begonnen hat.

Will man noch weiter zurück, so trifft man, unwillkürlich auf die „Heisenbergsche Unbestimmtheitsrelation", auch etwas fälschlich, „Ortsunschärfe" genannt und die lässt keine weiteren Erkenntnisse mehr zu.

Von was reden wir hier. Stellen wir nun den Beginn unseres Universums auf diesen **Anfang** zurück, dann liegen wir in dem Bereich, der von den Minimalen sowie auch maximalen **messbaren** Größen spricht, die nur **einmal,** in der Schöpfung, vorkamen.

Denn hierbei geht es um:

a	Die Masse	sie	zählte	$2*10^{-8}$	g
b	Die Länge	sie	betrug	10^{-35}	m
				Schwarzschild-Radius	
c	Die Zeit	sie	bewertet	$5*10^{-44}$	sec
				Licht-Wellenlänge	
d	Die Temp.	sie	erreichte	10^{32} Kelvin	
				Curie Temperatur	
e	Die Dichte	sie	ergab das	10^{93}	fache
				von Wasser	

Stellt man sich nun diese Zahlen einmal vor Auge, dann wird einem vielleicht bewusst, wie klein dieses Weltall einmal war. Und will man sich dann noch vorstellen, dass in diesem kleinsten „Etwas" schon alles vorhanden sein musste, was unser heutiges Dasein beschreibt, so kann man sich das ganz und gar wohl nicht mehr vorstellen. Da in der physikalischen Welt der „Wert" 0 nicht vorkommen darf, denn Null ist dem unendlichen gleich gesetzt, geht man schon von einer Art „Uratom" aus, durch das heraus der Urknall aufkam. Es gibt heute Wissenschaftler, die der Meinung sind, dass das alles, was uns heute umgibt, nicht samt in diesem „Urknall" gewesen sein konnte, sondern erst nach und nach ins Dasein geworfen wurde. Dieses Ansinnen würde allerdings eine immerwährende und noch andauernde, wohl auch wahrscheinlichere, Schöpfung voraussetzen. Das entspräche nun auch der Definition der Energie. Dabei ist es doch umso erstaunlicher, dass es irgendwo in diesem unvorstellbar großen All, in einem der Milliarden Galaxien, die wiederum je aus Milliarden Sternen bestehen, es einen besonderen Stern namens Sonne gibt. Die Besonderheit liegt darin, dass in deren System sich ein blauer, ja „paradiesischer" Planet entwickelte, auf dem sich Leben in seine Existenz gebracht hat. Ja, es geht sogar noch weiter, denn aus dieser Erscheinungsform ist dann ein Lebewesen hervorgegangen, dass sich all diese Kenntnisse über das Werden und Sein des Lebens und dessen Voraussetzungen riesige Einblicke verschafft hat. Es ist das große Privileg, das uns Menschen zu Teil wurde. Man geht heute sogar davon aus, dass allein aus unserer Existenz heraus, der gesamte universelle Ablauf genauso sein musste wie er stattfand. Man nennt es auch das „*Anthropologische Prinzip*". Wäre auch nur die geringste Veränderung in diesem riesigen „Räderwerk" gewesen, dann gäbe es uns nicht.

Ein Physiker brachte hierzu mal ein Beispiel:

*Würde man sämtliche Sandstrände der Erde auf einen riesigen Haufen zusammen tragen und dann nur ein Körnchen davon entfernen, - **kein Leben**!*

Das zeigt uns doch, wie fein alles aufeinander abgestimmt sein musste, damit ausnahmslos jedes Detail so in unserem Dasein auch ablief und auch immer noch abläuft, damit unser Vorhandensein gewährleistet wurde. *-Zufall??* wohl kaum!-

Diese Angaben machen einem schon fast schwindelig. Aber hier kommen wir nochmals zu einem Punkt, an dem noch einmal auf den zuvor genannten Astrophysiker und Theologen G. Lemaitre hingewiesen wird. Seine Aussage und auch Wahlspruch war. *„Es gibt zwei Wege zur Wahrheit zu kommen,* (Theologie und Physik) *ich habe beide gewählt!"* Dies führte nun auch dazu, dass er seine Theorie zum Beginn unseres Universums noch etwas anders formulierte. Er sah in dem Beginn zwei Vorkommnisse, einmal die Schöpfung **und dann** den Anfang (Urknall). Denn wie wir aus den o.g. Parametern ersehen können, war um den „Urknall" hervor zu bringen, schon „Raum und Zeit" in ihrem Ursprung vorhanden. Dies erforderte nun, dass durch die Schöpfung eine gewaltige Energie zur Erreichung und Auslösung des Anfangs gegeben sein musste.

Diese Begebenheit führt nun auch dazu, dass die Schöpfungsgeschichte mit den Worten:
In principio..., zu Deutsch *Im Anfang...* und nicht, wie oft fälschlicher Weise, *Am Anfang...* beginnt.
Wobei hier wieder, wie schon im vorigen Artikel erwähnt, auf den Zustand der Gegenwart hingezeigt wird.

Hier ist auch weiterhin schon ein Hinweis gegeben, dass vor dem physikalischem, also dem materiellen Beginn, zu diesem Ereignis schon eine Voraussetzung gegeben sein musste, die den kausalen Ursprung der Materie auf den Weg brachte. Es ist die allgegenwärtige und allumfassende Energie, die für die Entstehung von Raum und Zeit und dessen Erhalt und Entwicklung der immerwährende Garant ist. Wobei es unerheblich ist, ob durch diese Schöpfung unser nun bekanntes Universum, oder sogar ein Multiversum entstanden ist. Es ist also in der Gegenwart, aus dem Sein eines Allmächtigen heraus in die Existenz bestimmt worden. Hierzu sei noch einmal auf das in der Einleitung erwähnte Zitat von Max Plank hervorgehoben, das sich auch auf diese Entstehungsgeschichte bezieht.

- *Glück gehabt??* Was ist das für eine Erklärung? -

Doch sie führt auch dazu, darüber nachzudenken, wie das überhaupt zu dem „Urknall" kommen konnte. Weil rein physikalisch so was hätte gar nicht geschehen können und dürfen. Denn die Dichte war ja so groß, dass, im Vergleich, sämtliche „Schwarzen Löcher" zusammen in unserem Kosmos, diesen Wert hätten nicht annähernd erreichen können. Wenn aber selbst Licht ein derartiges Phänomen nicht mehr verlassen kann, dann ist doch so etwas wie der „Urknall", nach unserem heutigen physikalischem

Wissen und Stand, gar nicht möglich. Wie konnte aber das geschehen, was uns in unsere Bestehen gebracht hat.

Es gibt dafür nur eine Begründung:

Der „Urknall". Er kam ja nur einmal vor und kann sonach nicht mehr empirisch überprüft werden. Daher war das, was ihn zum Ereignis (Urknall) brachte, auch einmalig. Die Lichtgeschwindigkeit. Sie beträgt bekanntlich 299.792Km/sec. Das bedeutet, um den „Urknall" hervor zu bringen, muss sie zu diesem Anlass ein Vielfaches höher gewesen sein. Dass wie viel Fache es war und wie lange es andauerte bis sie wieder auf „normaler" Geschwindigkeit war, wird man wohl nie erfahren. Daher ist es auch mit Bestimmtheit nicht zu sagen vor welcher Zeit dieses Ereignis stattgefunden hat. Die zuvor bekannte und gemachte Zeitangabe über das entstehen unseres Universums bezieht sich aber auf die derzeit geltende Lichtgeschwindigkeit. Da aber eine andere (schnellere) Geschwindigkeit nach unseren physikalischen Gesetzen in unserer heutigen Welt keine Gültigkeit hat, ist es uns aus diesem Grunde auch nicht möglich, den genauen kausalen Zeitpunkt zu berechnen. Damit ist auch die mittlerweile entstandene Ausdehnung des Raumes in keiner Weise bestimmbar. Es ist also ein Phänomen, das nicht in unsere Wissenschaft passt.

Was noch hinzu kam war, dass der Urzustand aus Materie und Antimaterie bestand, die sich nach einer gewissen, geringen Anfangszeit gegenseitig auflöste, bis auf einen kärglichen Teil von etwa einem Trilliardstel. Dem heute sichtbaren Universum. Warum das so war, ist nicht erklärlich. Daher wird auch diese Wirklichkeit, aus „wissenschaftlicher" Sicht, als großes „Glück" und „Zufall" dargestellt. - Für sie kommt demnach keine planende Intelligenz in Betracht. - Es blieb also zu unserer Entstehung ein sehr geringer Anteil von Materie erhalten, (was darauf hindeutet, dass unser Universum fast leer ist) damit sich bis in die heutige Zeit alles so entfalten konnte, wie es zu unserer Entstehung von Nutzen war.

Noch eine Anmerkung zu dem „Urknall", dem Tag ohne Gestern. Zu jener Begebenheit gab es ja noch niemand, der dieses Ereignis hätte beobachten können. Nur rein theoretisch betrachtet, hätte er davon überhaupt nichts bemerkt. Wenn in Dokumentationen von dem „Urknall" berichtet wird, dann doch in der Darstellung, in der immer von einer riesigen „blitzartigen" Detonation berichtet, die durch einen ebenso lauten „Knall" begleitet wird. Doch diese Wiedergabe entspricht nicht dem wahren Geschehen. Es gab zu diesem neu entstandenen

Zeitpunkt noch kein Medium, dass in der Lage gewesen wäre den entstandenen Schall zu übertragen. Auch war das Licht, bedingt durch die hohe Dichte noch nicht erkennbar. Es war also eine Darbietung die in aller Dunkelheit und Ruhe stattgefunden hat. Also ein ehrwürdiges Geschehen ohne großes „Tamtam". Das Licht kam, nach heutigen Erkenntnissen, erst 380.000 Jahre danach in den sichtbaren Bereich. Es war daher nur deshalb möglich, weil die Dichte der entstandenen Materie, durch die große Ausdehnung, dermaßen nachgelassen hatte, dass die Atome mit ihren Elektronen nun in Stande waren sich frei zu bewegen. Es war der Zeitpunkt, in dessen weiteren Verlauf, etwa 200 Mio. Jahre später, sich dann auch die ersten Sterne bildeten. Dazu hier noch eine bemerkenswerte Parallele zur biblischen Schöpfungsgeschichte. Denn hier ist vermerkt, dass erst am „Dritten Tag" die „Lichte am Himmel", also Sonne, Mond und Sterne geschaffen wurde.

Wenn man nun davon ausgeht, dass bei einer „Detonation" alles gleichförmig in Kugelform auseinander fliegt, dann ist es zu verständlich, dass wir uns in einem gekrümmten Raum befinden. Wie uns aber die heutige Wissenschaft Glauben macht, ist das All „brettflach". Das bedeutet doch nur, dass das Weltall so groß ist, dass Raum und Zeit in seiner

Gänze für uns nicht mehr messbar sind. So dass wir selbst die „Oberfläche" nur noch als eine flache Erscheinung wahrnehmen.

Wenn heute etwas in unserer irdischen Welt geschieht, was scheinbar nicht so in die Norm passt, die wir aus unserer Umwelt heraus verstehen und kennen, dann wird oft davon gesprochen, *„...dass das so die Natur gewollt hat"*. Man spricht auch meist dabei von der *„Laune der Natur"*, oder *„...die Natur hat sich da was einfallen lassen"*. Es wird daneben auch so über die Entwicklung des Lebens im allgemeinen geredet, als wäre die Natur in der Lage, diese Vorgänge, die auch unter dem Begriff Evolution bekannt sind, zu steuern und zu überwachen. Durch derlei Aussagen wird die „Schöpfung", sprich Natur, als ein wesensgleiches, durch Intelligenz gesteuertes und all überwachendes „Etwas" dargestellt. Derartige Bekundungen sind eine Beleidigung des Schöpfers, den man auf diese Art voll ignoriert. Es ist unverständlich, dass es vernunftbegabte Menschen gibt, die angeblich die Welt „verstanden" haben, sich aber derartigen hirnlosen Aussagen bedienen. Hier ist ein gebürtiger Respekt dem Schöpfer gegenüber völlig abhanden gekommen.

Bei all diesen irdischen Vorkommnissen spielen die „Gesetze der Natur" die tragende Rolle. Es handelt sich hierbei im Besonderen, um die **starke Kernkraft**, die **elektromagnetische Kraft**, die **schwache Kernkraft** und die **Gravitation**. Diese vier Grundkräfte bilden das Fundament des gesamten Universums. Dabei sollte doch jedem Menschen, der sich mit dieser Materie befasst klar sein, dass die Natur nicht wesensgleich, Intelligent und auch nicht schöpferisch tätig ist, nein sie erlässt auch keine Gesetze, sie **unterliegt** den Gesetzen. Sie kann also nicht agieren sondern nur reagieren.

Es ist mir bewusst, dass diese gemachten Angaben und Erkenntnisse nicht jedem Leser gleichfalls verständlich sind. Es soll nur mit alle dem, jedem einzelnen einmal vor Augen geführt werden, was alles in der Vergangenheit geschehen musste, um **einen** Zustand hervor zu bringen. Einen Raum in dem es Lebewesen wie uns Menschen gibt und der ihnen auch noch die Möglichkeit bietet, sich über derartige Geschehnisse und Abläufe informieren und aufklären zu können. In dem sie dabei auch erkennen, was geschieht und wie die ganze Entstehungsgeschichte zu erklären und verstehen ist.

Ja, und dass zu dieser ganzen Begebenheit ein jedem klar sein sollte, dass hierzu eine übergroße Intelligenz als Voraussetzung gegeben sein musste, die die ganze Schöpfung auf einen vorbestimmten, präzisen und auch **überwachten** Weg bringen konnte. Denn aus unserer eigenen Erfahrung wissen wir, dass ein Mechanismus oder System nur dann zufrieden stellend abläuft und funktioniert, wenn eine dem entsprechende Überwachung, Pflege und Wartung garantiert ist.

An dieser Stelle sei auch noch einmal auf die Anführungen im Vorwort hin gewiesen, die auf **Max Plank** und **Albert Einstein** zurückgehen. Denn diese Herren weisen doch schon im Prolog darauf hin, dass es ein großes schöpferisch planendes Wesen ist, von dem alles was unser Dasein ausmacht ausgeht und: *„… dass hinter dieser Kraft ein bewusster,*
intelligenter Geist steht!"

Dieser Geist ist es, von dem alle Energie ausgeht, die zu unserem Dasein nötig ist. Somit erfüllt sie unvermindert das ganze Universum und nimmt dabei scheinbar noch ständig zu (siehe „Dunkle Energie"). Energie ist der Grundstock von allem was ist und kann nicht verbraucht werden oder gar verloren gehen. Sie war immer und wird auch immer bleiben. Daher war es auch die Energie, die die ganze Schöpfung mit dem Beginn durch den „Urknall" auf den Weg gebracht hat. Denn sie, die **Energie,** bekommt erst mit einer Weisheit behafteten Planung eine Struktur und wird dadurch zur **Materie** in deren Verbindung die **Zeit** entsteht. Diese unerschöpfliche Energie kann daher nur aus *einem* *bewussten, intelligenten Geist* kommen, den wir **Gott** nennen. Der 2014 verstorbene Physiker Prof. Hans-Peter Dürr äußerte in einem Vortrag einmal die Behauptung:

> *„…im Ursprung gibt es keine Materie sondern alles ist Energie! Sie ist die treibende Kraft. Man kann daher die uns umgebene Materie als eine Art* **„geronnene"** *Energie beschreiben!"*

Rein wissenschaftlich ist es nicht geklärt, was eigentlich Energie ist, man weiß zwar, dass sie überall in unserem Universum vorhanden ist, was man damit machen kann und wozu sie gebraucht wird, aber eine korrekte Definition was sie ist und wo sie herkommt? – Keine Ahnung!

Die meisten Menschen scheuen sich nicht in allem was ist, Gott als den Schöpfer zu sehen. Wobei Glaube und Wissenschaft aus heutiger Sicht keinen Widerspruch mehr beinhaltet. Man geht sogar davon aus, dass diese beiden Gruppierungen sich noch nie so nah waren.

Siehe auch Anmerkung (im Prolog) von Sir Arthur Stanley Eddington.

Hierzu noch eine Erwähnung aus einem Buch (der Titel ist mir leider nicht mehr bekannt), in dem es bei einer Auseinandersetzungen zwischen Theologen und Astronomen um Gott geht.

Die Textpassage habe ich mir aber notiert. Der Autor schreibt:

„Es scheint, als ob die Naturwissenschaft niemals in der Lage sein wird den Vorhang vor dem Geheimnis der Schöpfung zu lüften. Für den Wissenschaftler, der im Glauben an die Macht der Vernunft gelebt hatte, endet die Geschichte wie ein schlechter Traum. Er hat die Berge der Unwissenheit erklommen, er ist dabei den höchsten Gipfel zu bezwingen und als er sich um die letzte Felskante empor zieht, wird er von einer Schar Theologen begrüßt, die schon seit Jahrhunderten dort sitzen!"

Dabei wird doch klargemacht, dass ein endgültiges, wissenschaftliches Erkennen uns verborgen bleiben wird, so dass die Wirklichkeit uns letztlich im Glauben an einen Schöpfergott bleiben wird. Dieser Glaube ist es auch, der den Menschen die Kraft gibt in allem Sein einen befriedigenden Sinn zu erkennen.

Aber es gibt eine Vielzahl von Menschen, die allein bei dem Wort Gott eine gewisse Theo Phobie aufweisen. Warum das so ist, hat man noch nicht so recht herausgefunden. Aber mit einem bisschen guten Willen und etwas Gewissensarbeit ist sie durchaus heilbar.

Nun wird bei alle dem auch die Erkenntnis tragbar, die da lautet: *Fides Quaerere Intellektum*, der Glaube und die Vernunft gehören zusammen. Mit anderen Worten. Wer **beide** Begebenheiten zueinander bringt, der wird auch in dem Ganzem, Verständnis und Sinn erkennen. Denn die Wissenschaft ist auf dem guten Wege zu erklären **wie** alles abläuft und sich entwickelt hat, aber der Glaube verrät das **Warum** und worin der Sinn liegt. Weil, in jeder Begebenheit mit der wir uns beschäftigen und in allem was wir tun, wir auch einen Sinn suchen. Denn ohne ihn wäre alles bedeutungslos. Darum liegt doch auch das Interesse nahe, den daraus resultierenden Zweck zu erkennen.

Nehmen wir doch einmal ein einfaches Beispiel was diese Gedanken ein wenig näher bringen:

Ein Vater erklärt seinem Kind was ein Auto ist, woraus es in allen Einzelheiten besteht, wie sie zueinander Wechselwirken, wie es funktioniert und was man damit machen kann. Auf die Frage von dem Kind, wo dieses denn herkommt und wer so was macht, würde ihm jetzt nur einfallen:

„Das war alles nur Zufall und wir hatten großes Glück gehabt so etwas zu besitzen!"

Mal ehrlich, bei so einer Antwort würde doch jedes Kind erstaunend den Kopf schütteln und in dem gesagten keine befriedigende Antwort finden.

Aber genau solche Antworten bekommt man heute, selbst von anerkannten Wissenschaftlern, wenn es um die Frage der Entstehung und der

74

Entwicklung unseres Universums geht. Es ist wohl auch nur der **Glaube** an ihre Lehre, der solcherlei Aussagen zulässt. Wissenschaft ist das nicht.

Hierzu sei noch auf einen Satz von Albert Einstein hingewiesen, der da sagt:

„Das, wobei unsere Berechnungen versagen, nennen wir Zufall!"

Es ist geradezu absurd in jeder neuen forschungsmäßigen Erklärung, die man heute über unser Weltall im Großen oder unseren Mikrokosmos im Kleinen publiziert, fortwährend erkennen will, dass wir mittlerweile so viel begründen können und dadurch *Gott nicht mehr brauchen*! Hier haben wir wieder die Parallele zu dem Vater mit seinem Kind, der wusste auch alles über das Auto, nur das alleine war nicht wirklich zufrieden stellend.

Es sollen hier nicht weiter die Thesen der Atheisten wiedergegeben werden. Prof. Couklin, ein amerikanischer Biologe, räumt kurzerhand mit all dem "unsinnigen Kram" auf, indem er sagt:

"Die Entstehung des Lebens auf der Erde mit dem Zufall erklären heißt, von der Explosion einer Druckerei das Zustandekommen eines Lexikons zu erwarten".

Viele Forscher und Gelehrte berufen sich heute in der Schöpfungsgeschichte auf ein *„Intelligent Design"*, dass zum Werden aller Dinge als Voraussetzung angesehen wird. Denn nur durch eine vernunftbegabte Planung ist ein derartiges Erscheinungsbild, wie wir es heute in unserem Dasein wahrnehmen, allein möglich. Intelligenz wird aber in der Schöpfung nicht Benötigt, so die Aussage Vieler die der allgemeinen Naturwissenschaft angehören, denn sie wird in ihren Ausführungen erst gar nicht erwähnt. Sie sprechen also der Schöpfung genau die Eigenschaft ab, derer sie sich selbst zeitlebens bedienen. Ja halten sie es gar für möglich, dass alles Wissen, dessen sie sich nun mal behilflich sind, auch ohne Denkvermögen ihnen praktisch zu Eigen wurde? Oder kann es gar sein, dass sie uns nur etwas vormachen? Es beruht alles auf einer erklärbaren Naturwissenschaft. Aber dazu ist doch nun einmal Verstand und Wille zwangsläufig, um Sinn, Zweck sowie auch verschiedene Abläufe zu verstehen. Es ist daher ziemlich unverständlich, dass in den „wissenschaftlichen" Erklärungen der Begriff der Intelligenz, also der geistigen Fähigkeit, Sinn und Bedeutung eines bestimmten Ereignisses zu erkennen, in Bezug auf die Entwicklungsgeschichte, gar nicht vorkommt. Wie kann das sein, dass viele dieser Menschen gerade jenen Gedanken vermeiden, dem sie doch nun mal das schulden, was sie glauben erreicht zu haben?

Ein gläubiger und mit Vernunft behafteter Mensch, der sich dazu auch noch in angemessener Weise mit der Materie und ihren Auswirkungen beschäftigt, wird daher immer zu dem Entschluss kommen, in allen uns umgebenen Darstellungen mit ihren Vorkommnissen und den dazu gehörenden Gesetzen, den allumfassenden **Willen Gottes** zu finden. Denn in den hieraus gewonnenen Erkenntnissen ist ein annehmbarer befriedigender Sinn vorhanden, der Hoffnung darauf macht, dass das Leben nicht in dieser Welt ein wahres Ende findet. Denn, wie wir im vorherigen Kapitel erfahren haben, kann das Leben nicht in allen Formen vorüber sein. Es ist demnach nur das Vergehen des Materien behafteten Körpers, der uns in der irdischen Welt von Nutzen war, um in der uns gegebenen Raum-Zeit Entscheidungen zu treffen, die für die dann kommende **reale** Prägung unseres Daseins sehr bedeutungsvoll ist.

Doch damit wir in diesem Glauben unser Leben so gestalten, dass wir auch das uns versprochene Ziel, das Paradies, erhalten, hat GOTT uns seinen Willen damit bekundet, in dem er uns einige Richtlinien vorgab. Da Er aber dem Menschen, als einzigem in der Schöpfung, einen Freien Willen gab, waren diese Vorteile keine Gesetze, die ähnlich den Naturgesetzen den Lebensablauf bestimmen. Es sind dies nur

Empfehlungen, die uns geschenkt wurden. Es handelt sich um die Zehn Gebote, die uns dabei helfen sollen, dass bei deren befolgen, unser Leben in die Bahnen gelenkt wird, die uns dem Geist Gottes nahe bringen. Hierdurch wird uns auch ein Weg beschrieben, die Erlösung zu erlangen. Diese uns vorgegebenen Angaben werden zum größten Teil auch in dem *„Natürlichen Sittengesetz"* wieder gefunden.

Viele Erdenbürger reden auch heute von *Schicksal*, wenn sie in ihrem Leben Dinge erfahren, in denen sie keine rechte, für sie logische, Begründung finden. Selbst gehen derzeit viele davon aus, dass ihr Leben *„vorbestimmt"* sei und sie daher keinen Einfluss auf ihren Lebensweg hätten. Solche Aussagen und Annahmen stehen natürlich im vollen Gegensatz zu dem von Gott gewährten Freien Willen. Es ist zwar richtig, dass Gott das alles weiß, was bei den Menschen **nach** deren Schöpfung vor sich geht, denn für Ihn ist ja die Zeit nicht vorhanden, daher ist Ihm bewusst wie sich der einzelne verhält und wie er sein Leben gestaltet. Nur wird Er sich an sein Versprechen halten und des Menschen Freien Willen, in **keiner** Weise negativ beeinflussen. Es ist daher unmöglich, dass Er einen Menschen, ähnlich einem Computer, mit seinem Willen „vorprogrammiert" und dessen Leben *„vorbestimmt"*.

Wenn wir unser heutiges bürgerliches Leben betrachten, dass irgendwo auf dieser Erde einer bestimmten Gemeinschaft angehört, die wir im Allgemeinen als Staat kennen, so werden wir auch feststellen, dass dieses Leben durch eine Vielfalt von Gesetzen, Verordnungen und Vorschriften dermaßen in enge Bahnen verläuft, dass es für den einzelnen Bürger fast unmöglich erscheint all diese, selbst dicke Bücher umfassenden Verfügungen zu erkennen und zu befolgen.

Es ist hier der Wille des Gesetzgebers, solcherlei Anordnungen seinen jeweiligen Staatsbürgern auf zu erlegen, damit im Lande Recht und Ordnung gewährleistet ist. Ein Vergehen wird auf irgendeine Art und Weise geahndet. Betrachten wir dagegen die Gebote Gottes, so erkennen wir sogleich, dass die ganze Gesetzgebung in diesen 10 Geboten enthalten ist. Es ist im Grunde also eine ganz einfache Art, sich in unserer Welt so zu verhalten, dass wir auch ohne staatliche Erlasse in Ruhe und Frieden leben könnten. Wäre da nicht wieder der Freie Wille. Denn der ermöglicht es, den jeweiligen Bestimmungen zu entgehen, um die eigenen Vorteile, auch gegen Recht und Ordnung, rücksichtslos durchzusetzen. Doch diese einfache und menschenwürdige Anordnung hat auch schon der im 18ten Jhd. in Königsberg lebende Philosoph Immanuel Kant erfasst und in seinem **Kategorischen Imperativ** versucht den Menschen nahe zu bringen. Dieser wurde von ihm, ebenso auf das *„Natürliche Sittengesetz"* gegründet, folgendermaßen formuliert:

„Handle so, dass die Maxime Deines Willens jederzeit zugleich als Prinzip einer allgemeinen Gesetzgebung gelten könnte."

In einfachen Worten ist das so mit einer alten allseits bekannten Redewendung erklärbar:

„Was Du nicht willst das man Dir tu, das füg auch keinem anderen zu."

Die Erklärung, die Jesus Christus gab ist noch einfacher. Er formulierte das so:

„Liebe deinen Nächsten wie dich selbst."

Es ist die Einfachheit die in diesen Worten liegt, die es jedem Menschen ermöglicht deren Sinn zu erkennen. In den paar Worten sind im Grunde sämtliche Gesetzbücher der Menschheit enthalten.

Man kann in den gesamt vorgenannten Erkenntnissen unschwer herausfinden, dass es sich in allen Fällen doch nun mal um Einsichten des individuellen Lebens handelt, die mit wissenschaftlichen Erklärungen nicht mehr erfassbar sind. Einen Nachweis aus der materiellen Gegebenheit heraus ist schier unmöglich. Somit dürfte nun auch jedem klar sein, dass wir uns in einer Sphäre befinden, die nur auf verschiedene Betrachtungsarten gemeinsam zu sehen und demnach zu verstehen ist.

Nun wären ja die vorgenannten Richtlinien, bei deren Beachtung, zu schön um wahr zu sein. Aber leider ist es, für den einzelnen Menschen, fast unmöglich, ein friedvolles und glückliches Dasein zu erfahren. Weil es eben immer wieder irgendwelche Kreaturen gibt, die nur darauf aus sind, ihre Mitmenschen durch Lug und Trug, oder durch vage, menschenwidrige und unwürdige Handlungen zu schädigen und zu verletzen. Es ist daher doch der innere Wunsch jedes Einzelnen, dass doch der Gesetzgebung Gottes in unserer Natur in allen Belangen entsprochen wird.

Deshalb die Bitte:

„Dein Wille geschehe wie im Himmel, also auch auf Erden!"

Unser tägliches Brot gib uns heute.

Dies ist eine Bitte, die sich auf das Leben in unserem Alltag bezieht. Mit dem Begriff des Brotes ist all das gemeint, was wir zum Unterhalt unseres Daseins benötigen.

Es gibt viele Dinge und Voraussetzungen, die an einen Planeten gestellt werden, um auf ihm Leben, so wie wir es kennen, hervor zu bringen. Eines dieser Bedingungen ist das Wasser. Es ist mit das Wichtigste, das alles Leben auf unserer Erde in seiner Existenz hält. Schon einer der ersten griechischen Philosophen, Tales von Milet, hat bereits im 6ten Jhd. vor Chr. das Wasser als das Element angesehen, dass er schon als die wertvollste Lebensgrundlage für uns Menschen bedachte.

Obwohl die Erdoberfläche mit über 70% mit Wasser bedeckt ist, so ist dieser Teil, meist im Meer vorhandener Urstoff, durch seinen hohen Salzgehalt für uns Menschen nicht genießbar. Wir müssen uns daher mit dem Oberflächen Wasser unserer Kontinente begnügen. Dabei sind auch zudem große Teile durch Vergletscherung für unseren Gebrauch nicht direkt erreichbar. Es bleiben uns etwa 1% des Grund – und Oberflächenwassers erschließbar. Das wiederum ist nun allerdings nicht so verteilt, dass jeder Mensch gleichviel davon nutzen könnte.

Bedingt durch die Erdklimatischen Zonen ist es daher in den warmen und trockenen Breiten unseres Planeten weitaus weniger vorhanden als in den gemäßigten oder regenreichen, tropischen Gebieten. Es sind in den betroffenen trockenen Regionen dann meist auch die Menschen berührt, die nicht gerade durch ihre technologischen Eigenschaften in der Lage wären diesem Mangel entgegen zu treten. Neusten Veröffentlichungen zufolge ist bekannt, dass etwa 12% der Erdbevölkerung täglich Wasser trinken, das verschmutzt ist und krank machen kann. Es ist demzufolge großer Handlungsbedarf, dass jenen Ländern geholfen wird, die es am notwendigsten brauchen. Hier ist nun die Hilfsbereitschaft der Menschen gefordert, die dazu in der Lage und im Stande sind, derlei Missstände zu beheben.

Es wird sogar heute schon auf eine zukünftige, auf uns zukommende Trinkwasserknappheit hingewiesen. Wobei selbst schon von einem Krieg um das kostbare Nass gesprochen wird. Nur sollten wir uns um derartige Horrorszenarien nicht allzu viele Gedanken machen. Denn, neuesten wissenschaftlichen Erkenntnissen nach, ist im inneren unserer Erde noch so viel Wasser enthalten, dass es, der entsprechenden Technologie voraussetzend, dieser Bodenschatz nutzbar gemacht werden kann.

Hier nur ein Beispiel zu dem Leitgedanken:

Aus der Zeitschrift **WISSENSCHAFT UMWELT**
Veröffentlicht am 20.12.2007

Thema: **Unter der Sahara lagern riesige Wasservorräte.**

Die Bundesanstalt für Geowissenschaften und Rohstoffe in Hannover hat erstmals eine detaillierte weltweite Wasserkarte erarbeitet:

Ausgerechnet unter Wüsten und Steppen lagern riesige Grundwasservorräte.

„Allein unter der Sahara liegen nach aktuellen Schätzungen **800.000** (i.W. Achthunderttausend) **Kubikkilometer** *der kostbaren Ressource – das entspricht dem aktuellen weltweiten Wasserverbrauch über* **200 Jahre** *hinweg",*

sagte der Hydrogeologe Wilhelm Struckmeier von der Bundesanstalt für Geowissenschaften und Rohstoffe in Hannover anlässlich des Weltwassertags... .
Allerdings seien im Moment nur etwa zwei bis fünf Prozent dieser Vorräte wirtschaftlich nutzbar. Es ist also wie immer eine Frage des Geldes und auch des guten Willens, derartige Vorkommnisse für die Menschen sinnvoll zu erschließen. Bei Erdöl ist das, bekannter Weise, gelungen.

Aber nicht nur das Wasser gehört zur lebenserhaltenden Notwendigkeit, sondern es sind auch andere Lebensmittel von Nutzen um den Körper fit und gesund zu erhalten. In der Urzeit war jeder Mensch mehr oder weniger auf sich selbst gestellt, für seinen täglichen Bedarf und Unterhalt zu sorgen. Es war die Zeit der Jäger und Sammler. In dieser Epoche schlossen sich meist die Menschen in Gruppen zusammen, um in einer Gemeinschaft besser das Leben zu meistern. Der Zusammenhalt und auch das Zugehörigkeitsgefühl innerhalb dieser Gruppen waren für die Existenz jedes einzelnen Mitglieds von entscheidender Bedeutung. Der Mensch lebte also von dem, was so um ihn herum in der Natur geboten wurde. Er war daher stets genötigt, umher zu ziehen, um neue Jagdgebiete und dadurch neuen Lebensraum zu ergründen. Das dauerte dann solange, bis er nun jenen Zeitraum erreichte, in dem er begann bestimmte für ihn nützliche Tiere zu domestizieren und seine Tätigkeit dem Ackerbau zuzuwenden. Hierdurch wurde er nun auch in jenen Gebieten der Erde sesshaft, die er auf seinen weiten Wanderungen erreichte und jenen Grund und Boden Urbar machte. Es war somit auch die Zeit, in der er sich der Arbeitsteilung in größerem Rahmen bediente. Denn dadurch war es möglich die mittlerweile gestiegenen Ansprüche besser zu bewältigen. Diese angebrachte Aufgabenteilung hat sich im Prinzip bis in unsere heutige Zeit erhalten.

Für unsere Ernährung ist in der Regel die Landwirtschaft angesprochen, die dafür sorgt, mit Hilfe von Verteilungsstätten, die benötigten Artikel auch jedem Einzelnen zum täglichen Gebrauch zukommen zu lassen. Es sind also die Lebensmittel, die in verschiedenen Formen oder Ware dem Menschen eine Lebensgrundlage ermöglichen. Nur diese Verteilung ist nicht so gewährleistet, dass alle Menschen davon den Anteil erhalten, den sie für ihren Lebensunterhalt benötigen. In der Wirklichkeit sieht es doch so aus, dass zumeist die Erdenbürger in den Industrienationen, in allen menschlichen Belangen in purem Überfluss leben. Dagegen gibt es große Bereiche in unserer Welt, deren Bewohner um ihre tägliche Zuwendung für ihr Dasein hart kämpfen müssen und dabei es nicht gesichert ist, dass dies auch ihnen zu Gute kommt.

In den fünfziger Jahren des 20. Jhd. wurde bekannt, dass mit 900 Mil. Menschen etwa ein Drittel der Weltbevölkerung hungert. An dieser Zahl hat sich zwar bis heute nichts geändert, nur auf die jetzt bestehende Bevölkerungszahl ist das etwa nur noch ein Achtel der Menschheit. Man kann also an diesen Zahlen erkennen, dass sich das Verhältnis zwar gebessert hat, aber in Anbetracht der heute in dem größten Teil der Welt herrschenden Fülle, die in fast allen Bereichen des Lebens zu erkennen ist, ist das eine Verachtung der Menschlichkeit. Wie geht das zusammen, dass jährlich weltweit Billionen Dollar dafür aufgewendet werden um die Menschen zu vernichten. Wobei es doch viel billiger, einfacher und menschlicher wäre, wenn man nur einen Bruchteil dazu verwenden würde, um die Menschheit zu erhalten.

Dazu auch ein Zitat von Albert Einstein:

> *„Der Mensch erfand die Atombombe,*
> *doch keine Maus der Welt würde*
> *eine Mausefalle konstruieren".*

Es liegt also an uns Menschen selbst, ob wir eine Welt in Frieden und Eintracht wollen, die die Mehrheit der Menschen zufriedener und erfreulicher machen würden. Oder ob wir einer Minderheit das zugestehen, was gerade das Gegenteil bewirkt. Es sind nicht nur jene von Schuld belastet, die Ungerechtigkeit, Not und Elend in die Welt bringen, sondern auch jene, die diese Missetaten zulassen.

Es ist bei vielen unserer Zeit schon zur Alltäglichkeit geworden, in zahlreichen Situationen wegzuschauen oder gar Hilfskräfte zu behindern, die den in Not geratenen Menschen helfen, die in teils ungerechter Art, durch das Verhalten anderer herbeigeführt wurden. Es ist die Gleichgültigkeit der mittlerweile schon so viele Menschen unterwürfig sind, dass einem das wahre Grausen über den Rücken läuft. Es klingt in unseren Breiten schon zynisch, wenn wir in unserem Gebet darum bitten: *„Unser tägliches Brot gib uns heute"*. Dabei dann beobachten wie jenes Brot täglich viele Tonnen Weise in den Abfall wandert. Es macht deutlich, wie sehr diese Bitte missachtet und verhöhnt wird. Das Gebet um das „tägliche Brot" ist für die Menschen die davon genug oder gar zu viel haben auch gleichzeitig eine Verpflichtung, denen zu helfen und ihnen das zukommen lassen, was zu ihrem Lebenserhalt beiträgt. Stattdessen wird es in großen Maßen vernichtet.

Es ist verständlich, dass nun dieses zu viel produzierte Brot oder sonstige Produkte nicht alle in jene Länder exportiert werden können, aber es wäre schon viel geholfen, wenn wir in unseren Bedürfnissen etwas gezügelt und bescheidener werden würden. Sodass nicht solche Überproduktionen, und die gibt's überwiegend in fast allen Lebensmittelbereichen, zuerst gar nicht gefertigt werden. Wobei dann das Eingesparte, für die eine Verwendung bringt, die es dringend benötigen. Auf diese Art wären wir dann jener Bitte auf einer menschenwürdigen Weise wieder gerecht. Es grenzt schon an eine gewisse Gier, wenn der normale Lebensunterhalt bei vielen nicht mehr ausreicht und das Verlangen nach immer mehr, immer besser und immer größer die Gedanken bestimmt. Zufriedenheit und Bescheidenheit sind die Tugenden, die auch eine Hilfe für unsere Mitmenschen zulassen. Sie sind auch die Grundlage für ein gesundes und zufriedenes gesellschaftliches Miteinander. Es wäre diese Habgier einiger gar nicht nötig, weil uns alle lebenserhaltende Substanzen in großer Vielfalt gegeben wurde, so dass wir, bei einer vernünftigen und gerechten Umgehens Weise und Verteilung, für jeden einzelnen Menschen genügend zur Verfügung hätten. Denn die uns umgebende Natur, ist für unser Leben und die daraus entstehenden Bedürfnisse in reichlicher Form ausgestattet. Doch es ist unbeirrt die Gier und Unvernunft, meist der reichen Menschen, die gerade die Natur dermaßen ausbeuten, dass ein vernünftiger Welthaushalt für unsere Zukunft nicht mehr garantiert werden kann.

Man darf auch aus all diesen Aspekten heraus nicht den medizinischen Anteil vergessen, der in vielen, so genannten unterentwickelten Ländern von Nutzen ist. Wenn man heute bei uns einen regelrechten Raubbau an Pharmazeutischen Medikamenten beobachten kann, dann kommt doch wie von selbst die Frage auf, gehen wir noch in einer vernünftigen Art und Weise mit diesem, doch für viele Menschen wertvollen Gut um. Sollten wir uns nicht einmal darüber bewusst werden, ob diese Weise von Konsum überhaupt noch zu verantworten ist. Wir können uns zwar glücklich schätzen, dass wir auf diesem Gebiet ausreichend versorgt sind, aber in vielen Fällen muss man sich doch auch mal darüber Gedanken machen, ob eine derartige Vielfalt und Verschwendung, ja manchmal sogar Missbrauch, sein muss und kann. Allein der hierdurch entstehende Überfluss wäre daher gut angebracht, anderen Not leidenden Menschen zu helfen. Wie man weiß, ist es doch gerade in den Ländern von Dringlichkeit, die wir die 3.Welt nennen, die durch großen Ärztemangel und jedweder medizinischen Versorgung leiden. Es treten gerade hier immer wieder Krankheiten, Epidemien oder gar Seuchen auf, die gerade auf solche Missstände zurück zu führen sind. Wenn dann noch darüber berichtet wird, dass mehr als eine Milliarde Menschen noch nie eine Toilette oder ähnliche Einrichtungen gesehen haben oder gar benutzen konnten, dann sind doch die daraus entstehenden Missstände und Erkrankungen, Ursachen derartiger, verheerenden Dilemmas schon zwangsläufig.

Um nun auch allen Bedürfnissen in unserer Welt gerecht zu werden, ist aber auch ein weltweiter Warenverkehr nötig, der allerdings Fährnis auf allen Ebenen voraussetzt. Denn nur ein aufrichtiges handeln schafft Vertrauen und Zufriedenheit bei den Menschen. Hierbei kommt auch das 8. Gebot zum

Tragen, bei dem es um die Wahrheit geht. Denn nur wer die Wahrheit liebt, wird auch gerecht handeln. Denn Wahrheit schließt Betrug aus. Man erkennt also dass diese beiden Begriffe schon zusammen gehören.

Was noch alles zu berücksichtigen wäre, sind die Teile des menschlichen Bedarfs, die auch mit unsere Lebensart bestimmen. Hierzu gehören unter anderem: erfüllende Arbeit, würdige Unterkunft, die entsprechende Kleidung, eine gerecht verteilte Energieversorgung und vieles mehr.

Ein großes weltweites Thema in unserer heutigen Zeit, ist die eben erwähnte Energieversorgung. Es ist eine Angelegenheit die alle Bewohner dieser Erde angeht. Es handelt sich dabei um Energieträger zur Nutzung uns gewährter Möglichkeiten, die auch dazu in der Lage sind, die Bedürfnisse der Menschen in einer gesellschaftlichen und naturfreundlichen Gegebenheit zu befriedigen. In erster Linie geht es uns um die Erhaltung unseres eigenen leiblichen Lebens, dass wir dadurch bewahren, indem wir Energie in Form von Nahrung zu uns nehmen. Diese Art wurde bereits anfänglich erwähnt.

Nun aber liegt das menschliche Bestreben darin, sich in aller Form auch in seinem Umfeld weiter zu entwickeln. Dazu benötigt er Energie die ihn in seinen Vorhaben unterstützt. Es besteht nun die

Möglichkeit diese Kraft aus den verschiedensten Quellen zu erlangen. Der ursprünglichste Lieferant für unserer Erde ist auch gleichzeitig der größte und wichtigste, der unser aller Leben ermöglicht. Die Sonne. Sie ist es auch, die alle anderen Erschließungsmöglichkeiten gewährleistet und erlaubt. Es begann bei den Urmenschen mit den Gegebenheiten die sichtbar in der Natur vorhanden waren. Wobei es sich um Wasser, Luft und Feuer handelte. Erst in späterer Zeit entdeckte man auch noch weitere Energiequellen die er sich zu Nutzen machte. Dabei handelt es sich um Vorkommnisse, deren wir uns heute hauptsächlich bedienen. Hierzu gehören, nach den schon bekannten, alle Begebenheiten und Quellen, die uns als Bodenschätze bekannt sind.

Wie wir unschwer erkennen können, taucht immer wieder der Begriff der Energie auf, was uns zeigt, dass diese doch, für unsere Existenz, von allerwichtigster Bedeutung ist. Weil Wissenschaft aber irdischen Grenzen unterliegt, kann uns dafür, rein physikalisch, von ihnen keine Erklärung ihrer Herkunft geboten werden. Denn wie wir erfahren haben, ist Energie immer und überall über unsere Vorstellungskraft hinaus vorhanden. Daher gelingt das vielleicht über eine geistige Welt, die zur Schöpfung und deren weiteren Erhalt, unablässig ist.

Was ist also Energie? :

Sie ist die direkte, immerwährende Wirkung der Kraft und Ausstrahlung des allmächtigen Gottes, die für die <u>andauernde</u> Schöpfung, Entwicklung und Erhaltung allen Seins in unserem Universum und darüber hinaus, als dessen Grundlage und Garant erforderlich ist. Sie ist daher der primäre Bestandteil aller sichtbaren und unsichtbaren Dinge. Besonders ist sie gleichfalls für die Gestaltung aller Materie, die dabei auch das Fundament für das hierauf entstehende irdische Leben prägt, verantwortlich. Sie steht uns universell immer und überall ständig und in unverminderten Maßen zur Verfügung, um die Nutzung für den täglichen, allumfassenden Bedarf zu befriedigen!

Darüber hinaus darf aber auch nicht vergessen werden, dass zu alle dem die Bereitschaft gehört, anderen Menschen zu helfen und dabei mitzuarbeiten, dass die vorhandenen Güter von Staatswegen, auch durch andere, z.B. Konzerne, oder private und soziale Hilfsaktionen, gerecht verteilt werden. Am Beginn dieses Kapitels wurde darauf hingewiesen, dass mit dem Begriff des Brotes all das gemeint ist, was wir zum Unterhalt unseres Bestehens benötigen. Es sind nun nicht nur die Dinge die wir zum Erhalt und zur Pflege, also zur Zufriedenstellung unseres Körpers benötigen.

Damit der Mensch jetzt auch in einer angemessenen Weise all das sinnvoll und zielgerecht nutzen kann, wurde ihm noch eine besondere, vor allen anderen Geschöpfen primäre und wertvolle Eigenschaft zugedacht. Es ist die, um sie noch einmal zu erwähnen, **Intelligenz**, die durch sein Gehirn zum Ausdruck gebracht wird.

„Denn das menschliche Gehirn ist in der Lage einen so genannten Seiner selbstbewussten Geist zu entwickeln. Darunter verstehen wir die Fähigkeit zum abstrakten Symboldenken, unter Ich-Bezug, Sprachanwendung und Zukunftsplanung, es handelt sich um die einzige qualitative Differenzierungsmöglichkeit zwischen Mensch und Tier, kein Tier verfügt über diese Möglichkeiten!"

So Prof. Hollmann.

Darüber hinaus befähigt sie ihn (den Mensch) dazu, innovative und kreative, sowie auch künstlerische Eigenschaften zu besitzen. Es sind alles solche vorteilhafte Voraussetzungen, durch die er selbst auch an der Gesamtschöpfung beteiligt ist. Dies ist im Besonderen ebenso an der Reproduktion seines eigenen Geschlechts zu erkennen.

Auf dieses spezielle Privileg hat selbst Jesus einmal hingewiesen, in dem er darauf aufmerksam machte, dass der Mensch nicht nur vom Brot alleine lebt, sondern zugleich aus jedem Worte das aus dem Munde Gottes kommt. Jene Aussage ist nun ein eindeutiger Hinweis darauf, dass wir dabei unser geistiges Gut dazu benutzen sollen, um unserem Leben eine wertvolle Lebensweise zu geben, die dem Ansinnen des Schöpfers entspricht.

In diesem Ausdruck ist aber für uns gleichzeitig eine Verpflichtung enthalten, die erkannten und aufgenommenen geistigen Fähigkeiten in jeder Form an die nachfolgenden Generationen lehrhaft weiterzugeben. Womit nun ein allgemeiner Bildungsauftrag gegeben ist. Diese Methodik nimmt schon ihren Beginn in der kleinsten Lebensgemeinschaft. In der Familie. Hier stehen schon die Eltern in der Pflicht, ihre Kinder in einer angemessenen Art und Weise zu unterweisen und auf das Leben vorzubereiten.

Es ist ein Trugschluss, wenn Eltern aus lauter „Toleranz" ihren Kindern gegenüber sich so verhalten, als sollen sie doch später einmal selbst entscheiden wie sie verfahren und was sie einmal tun wollen. Es versteht sich hierbei schon auf das Kindesalter das doch für die spätere Entwicklung von großer Bedeutung ist. Ein alter Ausspruch von Jesuiten lautete einmal: *„Gebt uns eure Kinder bis sie Sieben Jahre alt sind, dann könnt ihr sie wieder haben!"* das zeigt doch wie fundamental wichtig diese Epoche in der Entwicklung ist. Daher ist es total unverständlich, dass es Eltern gibt, die gerade diese Zeit komplett in andere Hände geben. Wir sind in unserer heutigen Gesellschaft gar schon so weit, dass es für einen großen Wertzuwachs angesehen und gehalten wird, dass Kinder schon im Säuglingsalter in einer Kinder-Tagesstätte aufgenommen werden. Ja, man sieht es sogar als eine positive „Errungenschaft" aus der ehemaligen „DDR" an. Wobei es doch da auch in erster Linie darum ging, die kleinsten Bürger schon unter die Kontrolle des Staates zu bringen. Damit die Eltern sich ganz der „Planvorgabe" des Regimes zur Verfügung stellen konnten. Hätte man so auf diese Art und Weise schon immer verfahren, dann wäre die Menschheit nie auf den Stand gekommen, den sie heute innehat.

Denn warum haben gerade totalitäre Staaten schon immer großen Wert darauf gelegt, wobei es noch heute in vielen derartigen Länder der Fall ist, den Nachwuchs der eigenen Nation unter ihren Einfluss zu nehmen, um ihn in ihrem Sinne und Gedankengut zu Formen. Ja und das geht im Kindesalter am besten. Eines ist doch wichtig und notwendig, Kinder brauchen ihre Eltern, denn sie sind die ersten Bezugspersonen denen ihr ganzes Vertrauen und ihre ganze Liebe gelten. Wenn eine derartige Verantwortung in fremde Hände gelegt wird, dann brauch man sich über die dadurch entstehenden Auswirkungen nicht mehr zu wundern. Denn es ist doch oft genug und auch immer wieder zu beobachten, wie Jugendliche mit ihren Eltern verfahren und umgehen. Da ist zu erkennen, dass Respekt, Achtung, Vertrauen und Liebe zum großen Teil auf der Strecke bleibt. Das vertraute Miteinander und eine familiäres Zusammensein sind bei vielen nicht mehr so gegeben, wie es von einer intakten Gemeinschaft erwartet wird. Adolph Kolping sagte einmal: *„Was leuchten soll im Vaterland, muss in der Familie beginnen!"* Denn die Familie ist die kleinste Gemeinschaft im Staat und wenn hier schon nicht mehr das nötige Vertrauen und der dazu gehörende Zusammenhalt in Liebe gegeben ist, was ist dann noch in der Gesellschaft zu erwarten?

Einen angemessenen Schulungsweg ist dabei auch in unsere Gemeinschaft zu erkennen. Er erstreckt sich in vielfältiger Art in unserem Lebensbereich, der ja schon im Kindesalter beginnt und über die verschiedenen Bildungsstätten, beruflichen Lehranstalten, sowie auch höheren Schulen und Universitäten, unser aller Leben in geistiger, soweit ferner daraus folglich, in einer praktischen Lebensform unterrichtet. Man kann nun gut erkennen, dass diese Art Weitegabe geistigen Gutes in unseren Breiten sehr gut organisiert ist und grundsätzlich Jedem zur Verfügung steht und zudem stehen sollte.

Aber auch hier ist erneut festzustellen, dass derlei bildungsmäßige Einrichtungen weltweit, d.h. besonders in den unterentwickelten Ländern, nicht so im Angebot ist, wie es doch von Bedarf wäre. Damit aber dazu jene Menschen in der Lage sind, ihre eigenen Lebensbedingungen so zu gestalten, dass sie in grundlegenden Fragen, selbst ihr Schicksal in die Hand zu nehmen im Stande wären, ist die Hilfe aus den Gebieten der Erde gefragt, die die dafür geeigneten Beiträge zur Verfügung stellen und sie über- sowie vermitteln können.

Von Staats wegen wird hierzu oft solchen Ländern Hilfe angeboten. Das ist zwar grundsätzlich lobenswert, aber da derlei Zuwendungen sich meist auf finanzielle Beiträge beschränken, so ist doch sehr oft zu erkennen, dass solche Gelder nur bis in die Ebene der obersten Staatsgewalten gelangen. Das Volk selbst als eigentlicher Adressat hat dabei keinerlei Nutzen.

Dies´ ist nun alles, sogar in einem übergeordnetem Sinn beinhaltet, in dem Ansinnen:

„Unser tägliches Brot gib uns heute!" .

Und vergib uns unsere Schuld, wie auch wir vergeben unsern Schuldigern.

Von welcher Schuld ist hier die Rede. Es ist etwas, das uns Menschen betrifft, das auf den täglichen Ablauf in vielen, ja in den meisten Fällen einwirkt. Es sind Dinge, die mehr unsere negative Seite des Lebens beeinflusst. Wobei Angelegenheiten hervorgebracht werden, die wir uns in den häufigsten Erscheinungen nicht so gerne eingestehen und zugeben wollen. Selbst wenn wir uns im inneren unseres Bewusstseins über unser Fehlverhalten im Klaren sind, kommt es doch sehr oft vor, dass wir zumindest nach außen davon nichts wissen wollen. Dies kommt dann meist durch den Satz: *„Ich bin mir keiner Schuld bewusst!"* zum Ausdruck. Dabei nimmt man sogar in Kauf, dass diese Aussage dann selbst einem Anderen zum Nachteil geschehen kann, oder auch wird.

Tun wir also Dinge, die anderen zum Nachteil werden, so nehmen wir dabei eine Schuld auf uns. Bei alle den Vorkommnissen handelt es sich dabei auch um die Frage: War das Absicht oder ging es um nicht vorhersehbare Ereignisse, die mehr durch die eigene Unaufmerksamkeit, Fehlverhalten oder Unwissenheit, aufgetreten sind?

In den vorstehenden Kapiteln ging es darum, wie wir Menschen mit unserem Dasein umgehen und besonders, wie wir Miteinander verfahren. Es hat sich dargelegt, wie wir in allen Lebensbereichen auf unserer Welt, doch eine große Verantwortung dafür tragen, dass ein geregeltes, geordnetes und menschenwürdiges Leben aller Menschen gegeben ist. Doch es hat auch gezeigt, dass dies' alles gar nicht so einfach ist, wie es sich anhört. Aber das liegt nun an dem schon allzeit bekannten und immer wieder kehrenden Begriff des Freien Willens. Es gibt zwar viele Regeln und Gesetze in unserem Alltag, nur die wenigsten Bürger verhalten sich danach. Es betrifft ausnahmslos alle Sparten sowie auch Lebensbereiche in unserer Gesellschaft. Dies tritt vor allem bei dem einfachen Menschen an der Basis zu Tage, der grundsätzlich für das eigene, aber auch gleichfalls für das seines Nächsten (Mitmenschen) eine besondere Verantwortung trägt. Nur in einem staatlichen Gefüge, in dem in allen Bereichen eine hierarchische Form gegeben ist, ist auch die Verantwortung eines jeden in seiner Position tätigen Person, in einem besonderen, seinem Stand angemessenen, Verhalten geboten. Aber gerade diese hierarchische Struktur ist in ihrer Ausübung und Anwendung für viele Menschen die Gelegenheit, dem Rang entsprechend eine gewisse Macht über die jeweils untergebenen Personen auszuüben. Die Verlockung ist daher groß, jene Stellung zu missbrauchen um sich selbst einen Vorteil zu verschaffen, der wiederum nur darauf ausgelegt ist, das Verhalten seiner Mitbürger zu beeinflussen, um sie dadurch zu schädigen.

Es gehört mittlerweile schon zum Alltag, dass die Menschen jeden Alters durch skrupellose „Geschäftemacher" in teilweise Existenz gefährdete Situationen gebracht werden. Gerade von älteren Leuten erfährt man immer öfter, dass man sie durch Vortäuschung falscher Tatsachen um ihr gesamtes Ersparnis gebracht hat. So muss man auch immer wieder feststellen, dass in fast allen Lebensbereichen versucht wird, Erdenbürger auf verschiedenen Wegen „hinters Licht" zu führen. Zu jeder Situation und zu jedem Ereignis gibt es Vor- und Nachteile, diese werden allerdings in deren (meist in Medien) Darstellung oder Beschreibung nicht immer in ihrem realen Verhältnis wiedergegeben. Je nachdem welche Interpretation dem gewünschten Ziel am nächsten kommt und damit den größtmöglichen Erfolg verspricht, umso mehr wird diese Position hervorgehoben und oft das Gegenteil (Nachteil) meist ganz verschwiegen.

Selbst in den uns allseits bekannten Werbungen, die uns den ganzen Tag mit allen nur denkbaren Methoden zum Kauf animieren, wird in den meisten

Angeboten versucht, auf einer nicht ganz ehrlichen und mit Halbwahrheiten bespickten Angabe, die Käufer zu täuschen oder zu manipulieren. Sogar wenn die in der Werbung gemachten Hinweise ihre Richtigkeit haben, dann werden sie oft in einer, für den Normalverbraucher, unverständlichen und täuschenden Weise dargelegt, dass der Konsument dadurch in die Irre geführt und so verunsichert wird. Wonach er letzten Endes mit dem Angezeigten nichts mehr anzufangen weiß. Daher bleibt ihm nur übrig dem angesagten Artikel und dessen Hersteller zu vertrauen, was ja nun, Gott Lob, in vielen Fällen auch gegeben ist. Aber halt nicht immer und überall, und das in vermehrtem Maße.

Nur, die Schuld die wir auf uns laden, kann auch noch an Gewicht zunehmen, wenn sie sich durch direktem Einfluss auf Leib und Leben unserer Mitmenschen bezieht.

Eine weitere, in großen Maßen praktizierte Beeinflussung, ist die indirekte Zustimmung. Sie wird den Menschen abverlangt, indem man ihnen etwas auferlegt oder verordnet, dass sie nur durch einen bezeugten Widerspruch von sich wenden können. Das ist eine Beeinträchtigung des Freien Willens. Es wird also versucht, ein bestimmtes Ansinnen, Begehren oder Verfügen von sog. Vertragspartnern dadurch zu erreichen, oder gar zu erzwingen, indem der einzelne dazu genötigt wird, zu reagieren, um seinen Willen oder Unwillen zu bekunden. Selbst der Staat bedient sich in vielfältiger Weise einem derartigen Verfahren. Zugegeben, es ist gerade in gesellschaftlicher Hinsicht in vielen Dingen und Begebenheiten nun mal nicht möglich jeden Einzelnen zu befragen, aber es solle dabei doch geprüft werden, ob und zu welchen Anlässen man sich derartigen Vorgehensweisen bedient. Diese Art von Geschäftsgebaren ist aber im privaten wie auch gesellschaftlichen Sektor in jedem Fall abzulehnen, da hier auf eine gebieterische Weise eine bestimmte Forderung dem „Kunden" oder auch Bürger, aufgedrängt wird, die nicht uneingeschränkt seinem Willen entsprechen. Um aber gewisse Ziele oder auch Wünsche zu erreichen, ist er oft gezwungen bestimmte Bedingungen einzugehen, damit seine Bedürfnisse befriedigt werden, oder er nicht in irgendeiner Art geschädigt wird. Doch oft stellt sich dann im Nachhinein heraus, dass bestimmte Vereinbarungen doch nur das Ziel hatten, die Unwissenheit oder auch Unkenntnis dem jeweiligen Gegenüber auszunutzen, um einen unehrlichen oder gar betrügerischen Handel herbei zu führen.

Es sind aber auch oft nur Taten oder Verhaltensweisen die dazu führen einen oder auch mehrere

Menschen zu schädigen. Dies kann alleine schon durch eine Verleumdung oder Falschaussage dazu führen, einen unbedarften Bürger körperlich wie auch seelisch zu ruinieren.

Man könnte nun noch viele Beispiele und auch Geschichten aufführen, die davon berichten, wie und auf welche Art und Weise, die Menschen miteinander umgehen oder verfahren um sich jeweils seinem Nächsten gegenüber zu profilieren, um eigene Vorteile zu erlangen. Es sind dies alles Verstöße gegen die von Gott gegebenen Gebote.

Ein gottgläubiger und gottesfürchtiger Mensch der derlei Verfehlungen beging, wird sich nun auch, seinem Gewissen folgend, Schuldgefühle bewusst. Nun wird es für einen in diesem Glauben lebenden Menschen auch zu bestimmten Gewissenskonflikten kommen. Weil er für sich selbst erkennt, dass er sich nicht frei von Schuld seinen Mitmenschen gegenüber verhalten hat. Aus diesem Grunde, wird aus seinem „Schlechten Gewissen" heraus, die Bitte um Vergebung geweckt. Nur im gleichen Vers um die Vergebung, steht aber auch im gleichen Atemzug, *„…wie auch wir vergeben unseren Schuldigern!"*. Das heißt, vergib zuerst einmal denen, die dir Unrecht taten. Denn dann kannst du auch hoffen, oder auch sicher sein, dass dir in gleichen Maßen vergeben wird.

Gerade auf dieses Thema ging Jesus noch einmal in seiner Bergpredigt drauf ein. In Mat. 7/1-5 heißt es:

„Richtet nicht, auf dass ihr nicht gerichtet werdet. Denn mit welcherlei Gericht ihr richtet, werdet ihr gerichtet werden, und mit welcherlei Maß ihr messet, wird euch gemessen werden. Was siehst du aber den Splitter in deines Bruders Auge, den Balken aber in deinem Auge gewahrst du nicht? Oder wie willst du zu deinem Bruder sagen: Lass mich, ich will dir den Splitter aus deinem Auge herausziehen? und siehe, der Balken ist in deinem Auge! Du Heuchler, ziehe zuerst den Balken aus deinem Auge heraus, und dann magst du zusehen, wie du den Splitter aus deines Bruders Auge herausziehst.“

Es geht demnach darum, nicht immer nur die Verfehlung und Schuld des Anderen hervorzuheben, sondern sich zunächst seiner eigenen Fehlbarkeit bewusst zu sein, um zu erkennen, dass man selbst auch nicht frei von Schuld ist. Aus diesen Worten heraus gelangt man folglich zu der Erkenntnis, nicht zu richten und zu verurteilen sowie auch keine Rache und Vergeltung zu üben. Gerade diese Vorkommnisse der Rache und Vergeltung waren in früheren Zeiten in vielen Bereichen des Lebens eine Art um Gerechtigkeit zu erfahren. Bei einer persönlichen Kränkung wählte man daher oft den Weg der Satisfaktion, der in den meisten Fällen mit einem Duell endete. Man war also bereit, sich einer Art

„Gottesurteil" zu unterwerfen, um dadurch sein Recht zu bekunden. Aber mit Sühne und Schuld hatte das alles nichts mehr zu tun. Es ging lediglich nur noch darum, sei eigenes „Ego" zu bewahren.

Aber selbst in der heutigen Zeit ist dieser Grundgedanke von Rache und Vergeltung noch zu erkennen. Besonders zeigt sich das darin, wenn Gerichtsprozesse geführt werden, in denen es um die Verurteilung und Bestrafung von Personen geht, die sich um Leib und Leben der eigenen Familie schuldig machten. Oft sind die Hinterbliebenen nur dann befriedigt, wenn der oder die Täter erst in einem ihrem Verständnis nach entsprechendem Urteil unterlegen sind. Einer christlichen Sinndeutung entspricht das nicht mehr.

Ein besonderes Beispiel zu diesem Leitgedanken der Vergebung, war das Attentat am 13. Mai 1981 auf Papst Johannes Paul II.. Der Papst traf sich einige Zeit Später, nach seiner Genesung, mit seinem Attentäter, um mit ihm in Kontakt zu treten. Dieses Treffen war nicht dazu gedacht um seinem vermeintlichen „Mörder" Vorwürfe zu machen, oder ihn gar zu verurteilen. Nein, er benutzte diese Begegnung, um dem zu verzeihen, der ihm nach seinem Leben trachtete.

Das ist nun mal auch ein Zeichen dafür, wie wir in solchen Situationen verfahren sollen. Denn es sollte doch so sein, dass Begriffe wie: Vergeben und Verzeihen, Gerechtigkeit und Güte, Gnade und Barmherzigkeit Vorrang im Leben haben. Nur dann kann man erwarten, dass diese Gedanken auch für sich selbst an Bedeutung gewinnen.

So steht die Taufe als eine Vergebung und Hinführung zur Gnade Gottes fürs Leben, die wir uns erhalten und sichern sollen. Denn durch sie werden wir von der Erbsünde befreit, die damals im Paradiese, durch den „Sündenfall", zur Realität wurde. Denn sie ging durch Adam und Eva auf ihre nachfolgenden Generationen über, weil der Grundstock des Unrechts gelegt war und damit durch sie weiter gegeben wurde. Darum blieb das Paradies auch weiterhin verschlossen. Denn Adam und Eva stehen damit für alle folgenden Völker. Somit wurde diese Schuld auf die gesamte Menschheit vererbt.

Eine gleichartige Vererbung finden wir auch in unserem physikalischen und biologischen Leben in Form unseres Erbgutes. Denn eine Antwort auf die Frage, wozu bin ich da? Lautet aus naturwissenschaftlicher Sicht:

„Mein Erbgut (DNA) unter verbesserten Bedingungen, dem sog. epigenetischen Verhalten, weiter zu geben! Das bedeutet: Unsere Gene sind etwa 40% erbgebunden und

60% modifizierbar durch Umwelteinflüsse, aber auch zu einem bedeutendem Anteil durch unser persönliches Verhalten". Diese Angabe von Prof. Dr. W. Hollmann beschriebt er weiterhin mit folgenden Worten:

„…ich trage eine ungeheure Verantwortung für meine eigenen Kinder durch meine Lebensweise. Denn durch sie verändere ich ununterbrochen mein eigenes Erbgut!"

Es ist also möglich dieses Gut durch ständige Verbesserung der eigenen Qualitätsbedingungen im positiven Sinn zu verändern. Aber es ist nun auch die Möglichkeit gegeben, diese Bedingungen in einer negativen Weise zu beeinflussen. Diese Erkenntnis wurde erst in den letzten Jahrzehnten bekannt. Das widerspricht den Mendelschen Gesetzen des 19. Jhd., die da besagen: *„… dass von außen kommende Einflüsse unser Erbgut nicht verändern können!"*

Das ist damit **widerlegt**.

Es geht also darum, die durch die Taufe erhaltene Gnade im Leben zu bewahren. Sie ist praktisch der „Schlüssel" zum Paradies. Selbst wenn dieser „Schlüssel" einmal, oder auch öfter verloren geht, so ist es doch immer wieder möglich ihn durch ein Bekenntnis zu Gott, mit der Bitte um Vergebung, fortwährend zu erlangen.

Ein Beispiel: Ein Lehrer vergibt zum Beginn des Schuljahres jedem Schüler die Note „Eins" mit der

Auflage, diese durch die im Jahr über gebrachten Leistungen zu erhalten. Dieses Ansinnen wird nun auf verschiedene Arten angegangen werden. So wird es Schüler geben, die durch besondere Mitarbeit und Fleiß mit dem Erhalt der erlangten Note kein Problem haben. Aber es gibt jetzt eben auch andere, denen das nun mal nicht so leicht fällt und sie während des Jahres viel und oft daran arbeiten müssen, evtl. schlechte Noten durch bessere Arbeiten im Laufe der Periode auszugleichen. Selbst wenn am Ende des Jahres die „Eins" vielleicht nicht gehalten werden kann, so ist es doch möglich, durch angemessene Leistungen das Klassenziel zu erreichen. Weiterhin werden aber auch Schüler da sein, die mit derartigen Bewerkstelligungen wie Mitarbeit, Leistungen und Fleiß keinen Ansporn aufbringen konnten. Sie werden damit das Klassenziel nicht erreichen. Sie haben also ihre vorgegebene Note verloren. Aber uns bleibt immer noch die aufrichtige und Hoffnung machende Bitte:

„Und vergib uns unsere Schuld, wie auch wir vergeben unseren Schuldigern!"

Und führe uns nicht in Versuchung,

Eine Versuchung ist ein Angebot, das eine Entscheidung fordert.

Ist man sich nicht so sicher, so macht man auch etwas *versuchsweise*, um sich die zu fällende Entscheidung übersichtlicher zu machen, da die daraus entstehenden Folgen besser abgeschätzt werden können. Dieser „Test" wird dann darüber entscheiden, ob es sich lohnt der Versuchung zu widerstehen, da man keinen eigenen Vorteil erkennen kann, oder, im anderen Fall, dem Angesagten zu zustimmen. Denn im Grunde geht es doch nur alleine darum, den eigenen Profit zu erkennen, den man aus seiner Wahl gewinnen kann. In den meisten Fällen ist aber durch dieses hervorgerufene Tun und Handeln eine Situation entstanden, die andere Menschen, also seine Nächsten, in Not und Bedrängnis bringen. Das wiederum ist letzten Endes ein Vergehen gegen Gott und die Menschlichkeit und damit zum **eigenen** Nachteil. Nur, dieser Umstand wird in den häufigsten Begebenheiten ignoriert, in der Hoffnung oder gar in dem Glauben, dies bleibe unbemerkt und ohne eigene erkennbare Konsequenz. Aber es ist wohl auch in vielen Lagen der

Unglaube der die Menschen dazu verleidet, diesen Begriff der Versuchung erst gar nicht in sich hoch kommen zu lassen. Denn es ist doch die Skrupellosigkeit vieler, der jenen Schluss von Egoismus zulässt.

Es gehört also schon zur täglichen Lebensweise der Erdenbürger, dass sie ständig derartigen Entscheidungen unterworfen sind, denen Versuchungen jeglicher Art voraus gingen.

Beeinflussen der Massen, die dann auch ab wertig als „Der Mob" bezeichnet werden, das war schon in allen Zeiten das Bestreben der Vorherrschenden. Früher, in Epochen in der das Wort Demokratie noch nicht als ein Begriff unter den meisten Menschen vorkam, war es den Regierenden vorbehalten zu bestimmen, was sich für ihr Volk als „Gut" darstellte. Es war also den Untergebenen noch nicht erlaubt, sich Anteil mäßig an der Volksmeinung aktiv zu beteiligen und mit zu bestimmen. Wodurch er doch ermächtigt gewesen wäre, seinen Willen frei zu äußern, um ein gewisses Begehren durch seinen Stimmenanteil zu erreichen.

Da nun heute diese Form von Regierung, zumindest in der „Freien Welt", nicht mehr als Bestandteil einer Gesetzgebung ist, so sollte man jetzt meinen, dass es dem Einzelnen gestattet ist, sich frei und unbeschwert sein Leben und dessen Wertegang unbeeinflusst zu bestimmen. Das wäre nun zu schön um wahr zu sein. Schauen wir uns heute unseren Alltag an, so werden wir sogleich eines Besseren belehrt. Denn das was uns umgibt sind:

Meinungsmache durch Medien, vortäuschen falscher Tatsachen, verbreiten von Halbwahrheiten, verfälschen von Daten, das Internet ist voll von Fake News, Verschwörungstheorien, Zweifelhafte Prognosen und Angstszenarien. Alles Hypothesen, die uns alle in eine bestimmte Richtung leiten sollen. Es gab in der Geschichte schon immer Ereignisse, die durch derartige, selbst durch den Staat eingebrachte Darlegungen, ein ganzes Volk in eine eingeschworene „Richtung" brachten. Das alles ist aber nur dann möglich, wenn jeder Einzelne sich gedankenlos ohne entsprechende Vorkenntnis und in der Hoffnung, *„Die machen das schon richtig!"* dem Gedankengut gehorcht. Es ist also das Vertrauen, das in eine Gesellschaft eingegeben und dann von höherer Stelle voll missbraucht wird. Der einzelne Mensch ist oft nicht willens oder gar in der Lage, die angesprochenen Themen zu erfassen und zu beurteilen. Der große Teil der Staatsbürger wählt daher den **bequemeren** Weg, den Massen und allgemeinen mehr publizierten Meinungen zu folgen.

Zur Lösung vieler Probleme bleibt dann nur noch die Frage: *„Wo lassen Sie denken?"*

Immanuel Kant sagte dazu einmal: *„Habe Mut, dich deines eigenen Verstandes zu bedienen"*!

Nur, wer macht das heute noch?

Die Manipulation der Menschen ist heute in allen Formen und Ebenen der Gesellschaft vorhanden und wird auch in allen Richtungen der Volksmeinungen praktiziert. In einer amerikanischen Studie fand man heraus, dass bei Erreichen einer Denkweise von 25% Übereinstimmung in einer Bevölkerungsgruppe, eine bestimmte Meinung, egal ob positiv oder negativ, die beste Voraussetzung ist diesen Prozentsatz, in einer entsprechend leichteren Weise, stark zu erhöhen. Wobei wieder zu erkennen ist, dass hierbei der **Freie Wille** auf einer scheinbaren reellen Art zu beeinflussen und dadurch zu unterdrücken möglich ist. Man kann in all den Geschehen nun auch wieder erkennen, dass eine Versuchung darin besteht, sich für eine bestimmte Sache oder auch Richtung zu entscheiden. Es ist nicht Gott der den Menschen in seinem Willen beeinflusst, nein es sind die Menschen selbst, die sich gegenseitig den Willen streitig machen. Das kann sogar so weit gehen, dass Leute in einer bestimmten Machtposition den Willen des anderen vollkommen brechen. Sie sind es, die ihre Stellung missbrauchen um bestimmte Verhaltensformen oder auch Begehren ihrem Gegenüber zu erpressen. Ihre Versuchung liegt also darin, sich für eine Menschen unwürdige Form zu entscheiden, um dadurch ihren eigenen Willen anderen auf zu zwingen.

Es gibt aber noch eine andere Art der Versuchung, die durch entstandene Begebenheiten hervorgerufen werden. Es handelt sich hierbei meist um größere Unglücksfälle oder gar Katastrophen, die uns sehr betroffen machen. Derartig entstandene Zustände bergen nun auch Gedanken, die dann der **Versuchung** ausgesetzt sind, selbst **Gott in Frage zu stellen**. Es sind solche Momente, die sehr schwer zu begreifen sind, wodurch sich nun auch die Suche nach einer Erklärung hegt und die ganze göttliche Ordnung auf den Kopf zu stellen scheinen. Bis ins 18te Jahrhundert nahm man dergleichen Vorkommnisse als Strafe Gottes hin, die so auch als Warnung an den Menschen verstanden wurde.

Die erste große Katastrophe die dazu führte, dass darauf die Frage nach Gott sich neu stellte, war an Allerheiligen 1755. Das Erdbeben von Lissabon.

Dieses Geschehen war für Denker, in der damaligen Zeit der beginnenden Aufklärung, der Anlass, die Frage nach dem Warum, *„wo war Gott und wie kann er so was zulassen"*, neu zu stellen.

Jene Fragen waren darum auch für viele der Grund, der Versuchung zu erliegen, an Gott und seiner Güte und Gerechtigkeit zu zweifeln. Es war ja auch selbst für die Kirche schwer, hier den bis dahin Gläubigen eine Erklärung zu geben, die einen Gottesglauben aufrechterhielt.

Die **Theodizee** ist dann immer die Frage, die im Allgemeinen in Erscheinung tritt. Diese Fragen nach Gott und dessen Gerechtigkeit werden nur in Katastrophen, in schwerem Leid das den Menschen zugeführt wird gestellt, wo dann eine Antwort nach dem **Warum** erwartet wird.

Dieses Theodizee Problem ist dann am gravierendsten, wenn es sich bei aller Not und Elend um Kinder handelt. Da ist dann keinerlei Verständnis oder auch Erklärung mehr gegeben. Es ist schon sehr schwer und leidvoll, besonders bei den direkt Betroffenen, sich mit derartigen Begebenheiten abzufinden. Selbst jeder Trost für die Leidtragenden scheint vergebens. Dennoch müssen wir Menschen mit solchen Ereignissen auf irgendeine Art fertig werden. Es gibt aber jetzt schon große Unterschiede, wie jeder Einzelne in solchen Situationen reagiert. Ein Atheist, der sowieso an keinen Gott glaubt, für den stellt sich die Frage nach dessen Gerechtigkeit erst gar nicht. Für den ist das nun mal eine, wenn auch leidvolle, aber unabdingbare Realität, die er in keiner Weise erklären kann, wenn es sich nicht gerade um menschlich hervorgerufenes Vehlverhalten handelt. Dann gibt es zwar einen gottgläubigen Menschen, der aber in einer derartigen Lage keinen Glauben mehr an eine Gerechtigkeit und Güte Gottes aufrechterhalten kann und dadurch seine Einstellung zu Gott verliert. Nur, durch sein derartiges Verhalten ändert er an der gesamten Situation gar nichts. Er hadert mit seinem Schöpfer, bleibt in seinem Leid allein und ist noch dazu in sich verbittert. Es gibt aber dann noch den Menschen, der zwar das gleiche Leid durchlebt, der aber das alles als gottgegeben hin nimmt, an seine Güte glaubt und seinem gegebenen Wort vertraut. Denn in den Evangelien nach Matth; Mark u. Luk hat sich Jesus in voller Weise den Kindern angenommen.

Auszug aus Matth. Kap.18 Fers 1-6

Zur selben Stunde kamen die Jünger zu Jesus und sagten:

„Wer ist wohl der Größte im Reiche der Himmel?

Und Jesus rief ein Kind zu Sich und stellte es in ihre Mitte, und sprach: Wahrlich, Ich sage euch: Wenn ihr nicht umkehret (euch umwendet) und werdet wie die Kinder, so werdet ihr mitnichten in das Himmelreich kommen. Wer nun sich selbst erniedrigt, wie dieses Kind,

der ist der Größte (größere) im Himmel; und wer auf-
nimmt ein solches Kind in Meinem Namen, der nimmt
Mich auf.

Wer aber ärgert einen dieser Kleinen, die an Mich glau-
ben, dem wäre zuträglicher, dass ein Eselsmühlstein an
seinen Hals gehängt und er versenkt würde in des Meeres
Tiefe!"

Aus diesen Worten geht nun hervor, dass den Kindern das Himmelreich offen steht, sie sind es also, die einen ungehinderten Zugang zu Gott haben. Was für ein tröstlicher und friedvoller Gedanke für einen gläubigen Menschen.

In der heutigen Welt dagegen aber wird Er immer weiter ins Abseits gedrängt. Man versucht Ihn selbst durch wissenschaftliche Erklärungen und „Beweise" in Zweifel zu ziehen, ja Ihn sogar ad absurdum zu stellen. Nun will man selbst durch die vielen wissenschaftlichen Erkenntnisse erfasst haben, dass wir einen Gott nicht mehr brauchen. Welsch ein Unsinn.

In den häufigsten Unglückfällen sind es dann auch gerade diese Menschen, die dann wieder nach dem Gott schreien, dem sie zuvor mit Ungläubigkeit begegnet sind. Wobei dann noch der Hinweis vermittelt wird, dass Not und Leid ein Beweis für die Nichtexistents Gottes sei. Man nimmt es Ihm Übel nicht eingreifen zu wollen, um die Menschen vor solchen katastrophalen Geschehnissen zu bewahren.

Auch hier besteht die Versuchung, solchen Thesen Glaubwürdigkeit entgegen zu bringen.

So schlimm und verheerend diese Ereignisse auch sind, so haben sie für die Menschen auch positive Folgen. Man kann immer wieder feststellen, dass nach solchen Katastrophen die Menschen wieder enger zusammenrücken. Denn egal wie es kommt, sei es ein Erdbeben, Vulkanausbruch, Überschwemmungen, Flugzeugabsturz oder andere Tragödien. Es laufen immer große Hilfswellen an, die das Ziel haben zu helfen. Das alles zeigt doch, dass die Menschen in der Lage sind, in Zeiten der Not hilfreich einzugreifen und zueinander zu stehen. Die Geschichte hat doch gezeigt, dass gerade in den Zeiten der Bedrängnis, die Menschen ein engeres Verhalten zueinander ausüben und für einander da sind. Ja selbst der Gottesglaube ist bei vielen Menschen wieder eine wesentliche Frage.

Sind es aber Zeiten in denen es den meisten gut geht, dann geht diese Nähe verloren und Egoismus greift um sich, so dass die zwischenmenschlichen Beziehungen auf der Strecke bleiben. Selbst hier war dann die Versuchung wieder vorhanden. Ist es nicht gerade unsere ältere Generation, die von alle dem, was das Verhalten der Menschen angeht, noch zu berichten wissen. Da sie zumindest in ihrer Jugend noch die letzten Kriegsjahre und auch die Zeit da-

118

nach, in der es ja auch kein „Zuckerschlecken" war, erleben mussten. In den ersten Nachkriegsjahren war es doch die Zeit, die sich voller Not und Elend zeigte. Vielen Menschen war die Lebensgrundlage genommen. Es war alles zerstört und das Hab und Gut, wenn noch etwas da war, war auf ein Minimum begrenzt. Es musste zuerst wieder versucht werden, den täglichen Bedarf zu decken. Man war bestrebt die Transportwege wie Schiene und Straßen wieder befahrbar zu machen, damit eine gebürtige Versorgung gewahrt wurde. Es war eine Epoche, in der die Leute aufeinander angewiesen waren und sich auch gegenseitig halfen und unterstützten. Nur so war es möglich, in der Gemeinsamkeit diese „graue" Zeit zu meistern. Die Bedürfnisse waren auf die Mindestforderungen beschränkt und die Menschen waren schon zufrieden, wenn das Nötigste vorhanden war, was sie zu Leben brauchten. Alles in allem, es war der Zeitabschnitt, in dem Gemeinschaft eine andere Bedeutung hatte als man sie heute versteht. Es war der Zusammenhalt, die gegenseitige Hilfe und das füreinander Dasein was Not und Leid milderte. Ja und wenn man es genauer betrachtet, dann waren es auch die Momente, in denen sogar Gott wieder eine Rolle spielte. Die Kirchen waren damals wieder gefüllt. Allein schon aus Dankbarkeit, die gab es zu jener Zeit noch, dass man die unheilvollen vergangenen Jahre, die auch für große Verwirrungen standen, gut und heil überdauert hatte und hoffnungsvoll in die Zukunft schauen durfte.

Aber auch heute gibt es noch viele Momente, in denen wir solchen vertrauten Beziehungen dankbar gegenüber stehen. Denn gerade in Situationen in denen Menschen zu zweit, oder gar in ganzen Gruppen, aufeinander angewiesen sind, weil sie gemeinsam bestimmten gefährlichen, oder auch allgemein negativen Begebenheiten ausgesetzt sind. Gerade dann wird auch ein gegenseitiges Vertrauen auf Unterstützen und Hilfe erwartet. Hier ist es auch wieder die jeweilige Lage, die die Menschen in einer engen Verbindung zueinander bringen.

Ein Leben ohne Leid und Not ist daher nicht erstrebenswert, denn die Menschen wären dann einer Konstellation ausgesetzt, die sie voneinander entfernen würde. Daher stellen wir uns doch einmal vor, die Welt wäre frei von aller Not. Es gäbe für uns nichts mehr wovor wir uns fürchten müssten. Keine Naturkatastrophen, wie Orkane, Tsunamis, Erdbeben, Vulkanausbruch, Überschwemmungen und, und, und. Auch von Menschen verursachte Leiden wären dann auch nicht mehr vorhanden. Die da wären: Kriege, Verfolgungen, Krankheit, Flugzeugabstürze, Straßenunfälle, Mord und Totschlag, aber auch Betrug, Gier, Neid, Hass, Zwietracht, Missgunst, Angst und vieles Mehr, was uns Menschen in arge Bedrängnis bringen würde.

Dann existiere doch all das nicht mehr, was uns Erdenbürger auch erst als Mensch sein lässt. Sämtliche Begriffe und Eigenschaften die auf einer humanen Ebene uns das geschehen und handeln lassen, wären nicht mehr in unserer Gegenwart. Zu alle dem gehört doch gerade das, was uns den Mitmenschen näher bringt und dann für einander fühlen lässt zu unserem Wesen. Das sind im Besonderen, Glück, Liebe, Freude, Verständnis, Mitleid, Vertrauen, Toleranz, Nachsicht, einander helfen, Trost spenden, für andere da sein und, und, und.

Wo soll also die Grenze sein, bei der Gott in unser Leben eingreift um Dinge zu verhindern, die uns nur schaden. Es mag ja sein, dass allein darin, dass die Menschen wieder aufeinander zugehen, der Sinn liegt, dass andere, im schlimmsten Fall, ihr Leben lassen mussten. Wie wären sonst solche, menschlichen Verhaltensweisen zu erklären. Vielleicht ist es sogar möglich, dass es ohne derlei Geschehnisse, wie Unheil und die dadurch eingeleitete Hilfe, die Menschheit gar nicht mehr existent wäre, weil sie sich einander verloren hätten. Wir tun darum gut daran, der Welten Lauf in Gottes Hand zu legen und ihm das Vertrauen entgegen zu bringen, das im

Endeffekt uns selbst wieder zu Gute kommt. Deshalb nicht immer gleich der Versuchung verfallen und seine Existenz in Frage stellen, wenn Dinge geschehen die wir nicht fassen können.

Schon im **6ten Jahrhundert vor Christus** hat sich der persische Religionsstifter Zarathustra mit dem verhalten Gottes in Situationen der menschlichen Not und Pein befasst. Denn in seinen *Gathas,* den prophetischen Gesängen, weiß er zu berichten:

„ … dass sich Gott selber an die von ihm gestiftete rechte Ordnung, an seine eigenen Gebote hält. Denn griffe Gott in das Erdengeschehen ein, so hätte zwar das Böse seinen Kampf gegen das Gute sogleich verloren; aber es wäre damit auch die sittliche Entscheidungsfreiheit des Menschen aufgehoben. Der Mensch aber ist in diesem Kampf hineingestellt, damit er sich in freier, eigener Wahl für das Gute und damit für Gott entscheide!"

Soweit Zarathustra.

Dieses Denken hat sich bis heute auch im Christentum erhalten. Es ist also wieder der viel beschworene **Freie Wille** den Gott den Menschen als hohes, wenn nicht sogar als höchstes Gut zu erkannte. Folglich ist es daher nicht möglich, dass er in irgendeiner Weise seine von Ihm gegebene Zusage unterläuft. (wie bereits in Kpl. "Dein Reich komme" erwähnt).

Es liegt also im Sinne des Menschen, den Schöpfer darum zu bitten, dass er ihn vor derartigen Versuchungen, für die er [Gott] letztendlich verantwortlich ist, zu verschonen. Gott ist und steht für das Gute, aber durch die Freiheit die er dem Menschen gegeben, hat auch das Böse im Menschen einen Nährboden gefunden. Dadurch entstehen oft Zustände die vielleicht von Gott „gewollt", aber zumindest von ihm zugelassen werden. Weil sie durch das Handeln des Menschen als eine Art Konsequenz zu Stande kamen. Denn wie der Mensch sich dann entscheidet und dadurch auch handelt, liegt ganz alleine bei ihm selbst. Nur weiß er zu gut, dass er mit derlei Begebenheiten keine guten Erfahrungen gemacht hat und sich demnach nicht gottgefällig verhielt.

Deshalb die Anrufung des Allmächtigen, damit sein Glaube bewahrt wird, mit dem Wunsch um Hilfe:

„…und führe uns nicht in Versuchung!"

sondern erlöse uns von dem Bösen.

Dieses Begehren gehört eigentlich noch zu dem vorgenannten Anliegen und steht darum auch in einer engen Verbindung, weil sich daraus dieser resultierende Wunsch ergibt. Es ist am Schluss des Gebetes die Bitte, dass man von all den negativen Begebenheiten in dem zuvor behandelten Gebet doch unbelastet davon kommt. In einer früheren Form des Gebetes wurde hier immer von dem Übel gesprochen, das uns im täglichen Leben stets vor Augen ist. Es geht also darum, uns vor Unrecht sowie Not und Pein zu schützen. Es sind doch gerade die anhaltenden Meldungen, die durch die Medienlandschaft in unser Bewusstsein gebracht werden. Dabei handelt es sich in fast 90% der Angaben um negative Berichte.

Es sind doch gerade die Botschaften, wie sie zuvor erwähnt wurden, von großer Bedeutung, weil sie es sind, die die Menschen aufhorchen lassen. Es sind nun mal diese Nachrichten, die bei den Zeitungen die Auflage und bei Funk und Fernsehen die Einschaltquote erhöhen. Denn mit der Angst, die dabei im Volke verbreitet wird, ist es möglich große Geschäfte zu machen.

Zugegeben es gibt auch positive schöne Dinge und Ereignisse die die Aufmerksamkeit der Menschen auf sich ziehen. Aber solche Begebnisse sind dagegen weniger im Angebot. Die „Schlechten Nachrichten" sind es, die unseren Alltag beherrschen. Durch die Erfahrung und viele Studien hat man herausgefunden, dass gerade die negativen Berichte und Informationen geradezu ideal sind, um den Menschen in bestimmte Richtungen zu lenken. Derartige, oft auch manipulierte Nachrichten werden daher von allen Institutionen, sei es politisch, wirtschaftlich oder auch sonst, die Menschen ansprechende Einrichtungen benutzten, um sie gezielt auf die von ihnen vorbestimmten Interessen und Belange zu lenken.

Das Ziel ist klar, die Machthaber nutzen alle ihnen gegebenen Möglichkeiten aus, um ihre Wünsche und Forderungen durchzusetzen. Sie scheuen es nicht, Fehlinformation, Halbwahrheiten oder auch manipulierte Berichte, Mitteilungen und Grafiken der Bevölkerung als **die** Tatsache vor zu setzen. Ja, es werden sogar öffentliche Institute und deren Personen zu derartigen, fragwürdigen Berichterstattungen benutzt, weil gerade solche Einrichtungen und deren Mitarbeiter bei den Leuten das meiste Vertrauen besitzen. Die Medien in ihrer Vielfalt spielen dabei eine gewichtige Rolle. Sie sind es, die sogar dazu „missbraucht" werden, um den Leuten durch Werbung aller Art das jeweilige Angebot

„schmackhaft" zu machen. Man fürchtet sich also nicht Missstände, sowie Not und Leid anderer dafür zu nutzen, um die eigenen Vorteile, ja auch Profitgier zu befriedigen. Denn hohe Quoten erzielen dabei auch großen Werbeerfolg. Selbst dem Staat bringt es auf diese Weise hohe Steuereinnahmen, die er doch wieder jedem einzelnen Bürger abverlangt. Es sind auch gerade die Parteien, die im jeweiligen, derzeitigen Thema dem *„Volk nach dem Maul Reden"* um dem aktuellen *„Mainstream"* gerecht zu werden. So wird allen das Gefühl suggeriert hierbei das Richtige zu tun, um der jeweiligen *„Unordnung"* zu entkommen.

Es sind doch gerade die tag-täglichen Begebenheiten die dazu geeignet sind, uns in irgendeiner Art zu beeinflussen. Es ist das „Betriebsklima", das für einen geregelten, sinnvollen und harmonischen Ablauf in jeder Firma unter seinen Mitarbeitern notwendig ist, damit eine für alle zufrieden stellende „Atmosphäre" gewährleistet ist. Denn nur so ist es möglich, dass ein betrieblicher Wertegang in geordneten Bahnen läuft.

Es ist aber doch exakt dieses Klima, das auch in einem staatlichen Gefüge notwendig ist, um den Einwohnern das Leben so angenehm und vertraulich wie nur möglich zu machen und zu gestalten. Daher ist es die Pflicht aller staatlichen Gewalten dafür zu sorgen ihren Anvertrauten, das Gefühl zu vermitteln, dass sich die Obrigkeit nicht nur bemüht, sondern ihre Belange auf eine ehrliche, saubere und zuverlässige Art zum Guten hin gewährleistet. Aber es sind gerade diese Eigenschaften, die bei vielen Staatsbürgern heute vermisst werden. Die Folgen können dann verheerende Ausmaße annehmen.

Schaut und hört man sich heute in den Medien um, so kann man doch überall erfahren, wie unsere Welt rundum im Argen liegt und daran sind nur wir Menschen schuld. Man wird rund um die Uhr daran erinnert, wie schlecht der Mensch mit seiner Umwelt umgeht. Der einzelne Mensch im Staat ist verunsichert. Er weiß nicht mehr genau wem er sein Vertrauen schenken soll. Er ist ja in allen Belangen nicht so bewandert, dass er alles ihm Vorgetragene auch entsprechend beurteilen kann. Wer kann das schon. Er ist demnach darauf verurteilt und angewiesen, dem Menschen sein Vertrauen zu schenken, den er vielleicht sogar kennt oder auch nicht kennt, ihm aber eine gewisse Glaubwürdigkeit zuspricht. So war das die bisherige Regel. Mittlerweile hat sich aber gezeigt, dass diese ganzen Gepflogenheiten nicht mehr den Regeln eines Staatsbürgers nachkommen.

Den Bewohnern unseres Landes, ja das ist heute schon weltweit so, ist in einem großen Maße die

Glaubwürdigkeit an die Staatsordnung abhanden gekommen. Es wird Versucht den Bürgern in großem Umfang eine gewisse Richtung aufzuerlegen, die im Endeffekt nur dem Staat bzw. der Wirtschaft in allen Belangen, besonders aber finanziell, nur nicht dem Einzelnen, zu Gute kommen. Es geht um Lug und Trug, Halbwahrheiten, Irreführung, Fälschungen, Täuschung, List, Intrigen, Heimtücke, Masche. Es sind zwar alles Schlagworte, aber es sind die Tätigkeiten die zur Auswahl stehen, wenn bestimmte Ziele verfolgt werden, die unter normalen ehrlichen Äußerungen den Leuten nicht nahe gebracht werden könnten.

Das kann alles so weit gehen, dass der einzelne Bürger nicht mehr genau unterscheiden kann, in welche Richtung die angezeigte Situation geht. Es können aber auch Verhältnisse auftreten, die ein ganzes Volk Spalten können. Der wohl bekannteste Zustand liegt im finanziellen Sektor. Der Unterschied zwischen Arm und Reich wird immer größer. Nun im Einzelnen darauf einzugehen wäre zu ausgiebig und würde allein ein Buch füllen.

Aber es sei doch darauf hingewiesen, dass in unserem Lande mit zweierlei Maß gemessen wird. Der Grundsatz: *"Vor dem Gesetz sind alle gleich!"* gilt bei weitem nicht immer. Wenn ein normaler Bürger, der s.g. *„Kleine Mann"* sich an seinem Arbeitsplatz

128

etwas Wesentliches zu Schulden kommen lässt, dann zieht das oft eine *„Fristlose Kündigung"* nach sich, die in vielen Fällen seine und damit auch die seiner Familie, Existenzgrundlage entzieht. Der gleiche Mann muss dann im gleichen Zeitraum die Nachricht entgegennehmen, dass ein Mensch, in einer Stellung auf höchster Ebene, durch ein Missverhalten weitaus mehr Schaden angerichtet hat als er. Dieser wird aller Wahrscheinlichkeit nun auch seines Postens enthoben, aber ruiniert ist er dadurch nicht. Denn er bekommt in aller Regel noch eine, seinem Stand entsprechende Abfindung und wird sobald in einem anderen Zweig, vielleicht sogar in einer höheren Position, neu eingestellt. So eine Nachricht „beruhigt" die Gemüter.

Aber der Staat selbst und viele Institutionen sowie Konzerne haben schon seit langem ein normales Augenmaß verloren. Das ist besonders schon rein äußerlich an den Bauwerken zu erkennen, die über das ganze Land verbreitet, sich den einzelnen Staatsbürgern zeigen. Es grenzt schon an Gigantomanie was sich da vor den Augen der Menschen abspielt. Egal um welche Einrichtung es sich handelt, es wird immer nur versucht andere in ihrem Vorhaben zu übertreffen. Wobei nicht danach gefragt wird was das alles kostet, nein solange ein ganzes Volk da steht, das man ja zu solchen Investitionen als zahlendes Mitglied benutzen kann, stellt sich eine solche Frage nicht.

Der Staat wird zunächst eine passende Steuer ins Leben rufen mit der das dann schon abgedeckt ist. Die Banken werden ihr Personal verringern, kleinere Filialen auf den Dörfern schließen, die Zinsen für den Darlehnsnehmer erhöhen, für den Sparer, der ihnen ja eigentlich das Geld bringt, werden die Zinsen gesenkt, ja es ist sogar schon geplant von Ihm Negativzinsen zu erheben. Wie irrsinnig wird das alles noch?

Bei den Konzernen geht es nur noch darum das Geld auf irgendeine Art zu vermehren. Dabei ist es egal ob Betriebe, weil sie nicht mehr genug Gewinne abwerfen, geschlossen, oder wegen Unrentabilität an andere Eigner Verkauft werden. In beiden Fällen ist immer nur der „Kleine Mann" der Nachtragende, aber der wird ja nicht gefragt und hat das nun mal so hinzunehmen. Ob er dabei seine Existenzgrundlage verliert ist nicht so sehr von Bedeutung.

Auch die uns allseits „beliebten" Versicherungskonzerne halten bei alle dem nicht „hinterm Zaun". Bei ihnen sind es die Beiträge und Prämien die ihnen schon den Gewinn Garantieren, den sie nun mal brauchen um eine gewissen Standard zu halten. Entweder werden die Prämien entsprechend „angepasst" oder, das sowieso, wird mit allen zur Verfügung stehenden Mitteln versucht anstehenden Auszahlungen oder Entschädigungen zu minimieren oder gar ganz zu verwehren. Meist mit der Begründung: *„Gerade dieser Fall ist nicht abgedeckt!"* Dabei war eigentlich schon bei Abschluss der Versicherung klar was zur Auszahlung kommt und was nicht. Nur derartige „unbedeutende" Aspekte stehen dann in dem mehrere Seiten umfassenden *„Kleingedruckten"* auf das nur beiläufig als nicht so bedeutend hingewiesen wird, wenn überhaupt.

Es gibt so viele negative Beispiele die man noch anführen könnte, aber das würde hier den Rahmen sprengen. Nur einige Einrichtungen möchte ich noch erwähnen. Es sind die Institutionen die wir alle schätzen und die auch die meisten Menschen schon einmal in Anspruch genommen haben. Die Krankenhäuser. Es ist schon traurig, dass man solche Organisationen hier mit aufführen muss, sollen sie doch für uns da sein und im Notfall uns zur Verfügung stehen. Aber was zeigt uns die Wirklichkeit? Viele Abteilugen werde aufgehoben, obwohl sie eigentlich gebraucht würden. In vielen Städten werden sogar ganze Häuser geschlossen. In der näheren Umgebung ist dadurch eine krankenhausübliche Betreuung nicht mehr gewährleistet. Die Menschen müssen oft weite Strecken zurücklegen, die im Notfall von der Zeit her, lebensbedrohend sind. In früheren Zeiten gab es in jeder kleinen Stadt ein Krankenhaus, ja es gab sogar größere Gemeinden, die über eine derartige Einrichtung verfügten.

Was ist da passiert? Warum ist das um alles in der Welt heute nicht mehr möglich? Es wird immer unser Fortschritt gelobt. Es wird den Bürgern verdeutlicht, dass unser Lebensstandard noch nie so hoch war und dadurch auch die medizinische Technologie den bis Dato höchsten Stand erreicht hat, denn die heilbringende Versorgung sei Überall gewährleistet!

Aber was sehen wir? Es geht hier schon genau so, wie in den zuvor genannten Beispielen. Abteilungen oder gar ganze Häuser fallen auch da dem Mammon zum Opfer. Viele Arztpraxen auf dem Land müssen schließen, da keine Nachfolger sich für eine weiterführende Behandlungsstätte finden lassen. Ja und das alles nur, weil ein entsprechender Arbeitsplatz in der Stadt bei Medizinern als lukrativer angesehen wird. Ein Krankenhaus, das nicht wirtschaftlich arbeitet und demnach auch keine Gewinne einbringt ist nicht rentabel und wird daher geschlossen. Es geht also nicht mehr in erster Linie um den Menschen, für den wurde es ja ursprünglich gebaut, sondern man fragt zuerst danach, ob das auch genug Profit bringt. Der Mensch ist zweitrangig. Was ist das für eine Welt? Ein Krankenhaus und die behandelten Ärzte sind für die Menschen da und das in allererster Linie. Darin liegt die Hauptaufgabe. Es ist nicht dazu gedacht irgendeine Profitgier zu betreiben. Ja es müsste sogar verboten werden in derartigen Häusern Profit zu machen. Sollten aber finanzielle Engpässe entstehen, dann ist es eine Sache des Staates, derartige Haushaltslöcher auszugleichen. Das wäre sicher schon damit zu bewältigen wenn so manches geplantes Objekt in unserem Staate etwas bescheidener ausfallen würde. Denn in der vordersten Reihe steht der Mensch, genau das haben wohl viele Verantwortung tragende egoistische Personen vergessen.

Was ist da noch zum Wohl der Bürger?

Ihre Prachtbauten oder exorbitanten Gehälter?

Die „bescheidenen" Luxusvillen und -karossen?

Wenn das nun eine große Mehrheit betrifft, dann ist eine Konstellation entstanden, die im Volke große, wohl nicht gewollte Eigenschaften bewirken. Die da wären Unzufriedenheit, Unordnung, Missfallen, Unbehagen, Ärger, Verbitterung, Frust, Unmut, Misstrauen und Verdruss.

Das alles ruft Reaktionen hervor, die sich in der Bevölkerung breit machen. In erster Linie äußert sich das in einer Friedensstörung, hieraus folgt Gärung, Wut, Zorn, Unruhe, Ausschreitungen, Tumult, Aufruhr, Krawall und Gewalt. Die Menschen haben das Vertrauen in Institutionen oder auch Parteien verloren. Dieses Verhalten bringt dann oft ein Umdenken bei den Leuten zu Stande. Dadurch wird, zunächst aus Protest, in andere Orientierungsrichtungen gedacht und gehandelt. Hierbei geht es meist in politisch fragwürdige Angebote, die aus radikalen Gruppierungen heraus eine bessere Lage versprechen. Wobei uns doch die Geschichte lehrt, dass gerade die Unzufriedenheit und Verbitterung innerhalb eines Volkes zu Umschwung, Umsturz oder gar Zerstörung der bestehenden Staatordnung führen können.

Es gilt daher für die Verantwortlichen, solcherlei Anzeichen, die das Ende eines bislang, in einer gewissen Ordnung, gewähnten Staates herbeiführen, früh genug zu erkennen, um noch zeitig entscheidende Gegenmaßnahmen einzuleiten. Damit die Bevölkerung wieder in **geordnete und vertraute** Bahnen gesteuert wird. Aber das geht nur, wenn jeder Abgeordnete dazu beiträgt, durch eine **ehrliche** Politik zu gewährleisten, dass sie in erster Linie dem Bürger zu Gute kommt.

Unsere ganze Gesellschaft ist mittlerweile so weit von den ehedem geläufigen Umgangsformen entfernt, dass Menschen in vieler Weise, besonders Jugendliche, mit derartigen Begebnissen nichts mehr anfangen können.

Noch was Anderes.

Das Kreuz soll die Gläubigen einschüchtern oder ihnen gar Angst machen, es soll den Glaubensstarken *„...ein schlechtes Gewissen und Schuldgefühle vermitteln"*. Derartige Aussagen werden immer wieder von gewissen Menschen behauptet. Ja, so wird gar argumentiert, will man seitens der Kirche, durch derartige Irritationen, Macht über die Menschen gewinnen. Was ist das alles für ein Wahnwitz. Für einen gläubigen Christen ist grade das Kreuz ein Symbol für Glaube, Hoffnung und Liebe. Also das genaue Gegenteil von dem, was da behauptet wird. Ist es nicht kurzweg eine Andeutung, um von dem eigenen Denken abzulenken, weil Angst und Schuldgefühl bei ihnen selbst zu finden sind. Warum soll man sonst etwas ablehnen oder gar bekämpfen an das man überhaupt nicht glaubt? Denn das ist doch barer Unsinn.

Wie erklärt man sich, dass es viele Menschen gibt, deren verschmähen von generell christlichen Symbolen so weit geht, dass sie sogar von ihnen beschmutzt, beschädigt oder gar ganz zerstört werden. Ist das alles nicht gerade ein Zeichen dafür, dass eine solche Handlungsweise auf Feigheit, Ängstlichkeit, Phobie oder wie man das sonst noch nennen mag, der eigenen Person geschuldet ist, die nach „Außen" hin für all diese Glaubensbezeugungen keinerlei

Bezug hat? Wo liegt da der Sinn? Einen „Gegner" den es nicht gibt, kann man nicht bekämpfen. Eine derartige Handlungsweise ist psychisch betrachtet sehr fraglich und ist daher in einem bedenklichen emotionalen kranken Zustand zu suchen. Solche Leute, die das alles in Frage stellen und wider handeln stellen sich doch selbst in das gesellschaftliche Abseits. Sie verabschieden sich von der gegenseitigen menschlichen Achtung und Toleranz, sie respektieren nicht die anders Denkenden. Sie verabscheuen deren Gesinnung und Handlungsweisen. Ja es geht sogar so weit, dass man sie auf nur alle erdenkliche Art und Weise zu bekämpfen versucht.

Bei all solchen Vorkommnissen, kann man schon auf den Gedanken kommen, dass „Atheisten", oder wie man auch sonst noch solche gottlosen Menschen nennen mag, eine sehr gläubige Menschengruppe darstellen, deren „Religion" darin besteht, Andersdenkende von ihrem „Glauben" zu überzeugen. Eine ihrem Gedankengut entsprechende Missionierung ist dabei weltweit zu erkennen. Ja, die aktivsten unter Ihnen, sind sogar dazu bereit anders denkende, (Gottgläubige) zu bekämpfen. Sie bedienen sich dabei genau den Handhabungen, die sie anderen Religionen in früheren Zeiten und auch heute noch zum Vorwurf machen.   Welsch ein Irrsinn!

Nicht nur Immanuel Kant vertrat die Auffassung, *„…,dass moralische Prinzipien auch ohne Ausgleich auf höhere Wesen (sprich Gott) in der menschlichen Vernunft bzw. in der Natur zu erstellen sind!"*

Wobei doch in Vernunft vs. Natur unterschiedliche Zustände angeführt werden, die auf verschiedenen Ebenen zu finden sind, und dass sie daher nur untergeordnete Begriffe des Seins darstellen. Mit anderen Worten, sie können nicht für sich selbst stehen, sondern haben ihren Bezug aus der geistigen übernatürlichen Sphäre des Lebens. Denn alleine der Hinweis auf die Vernunft deutet auf eine nicht materielle Welt, der aber wiederum die Natur untergeordnet ist. Daher ist ein Vergleich oder auch eine Gleichsetzung dieser Betrachtungen nicht erlaubt.

Der Glaube an einen Gott verpflichtet gerade zu einem guten emotionalen und sozialen Verhalten seinen Mitmenschen gegenüber, um eine Welt in Frieden und gegenseitigem Vertrauen auf zu bauen. Aber viele Leute wollen derartige „Verpflichtungen" erst gar nicht eingehen oder etwa an solche Tugenden oder Begebenheiten glauben. Denn ein Gottesglaube würde ja eine Veränderung ihrer Lebensart erfordern, wozu sie in keiner Weise bereit sind.

Frieden gehört zu den größten Wünschen der Menschen, doch bei weitem nicht alle setzen sich auch dafür ein. Darum steht auch zum Schluss des

Gebetes die Bitte, dass man von all den negativen Begebenheiten in den zuvor behandelten Anliegen, doch schuldenfrei davon kommen möchte. Es geht also darum, uns vor Unrecht sowie Not und Pein zu schützen. Sei es vergangen, gegenwärtig oder zukünftig, mit dem Wunsch:

„...sondern erlöse uns von dem Bösen(Übel)!"

Der Weg hat sich gelohnt!

Zum Abschluss:

Ein Fazit:

Nachdem nun das ganze uns bekannte Gebet in seinen einzelnen „Versen" behandelt wurde, ist doch zu erkennen, dass in dieser Abhandlung zu verstehen ist, wie alles mit allem zusammenhängt. Es erlaubt es uns auch zu begreifen, dass Wissenschaft und Glaube keine Konflikte beinhalten. Im Gegenteil ist zu verstehen, wie Begriffe zueinander passen, ja wie sie nur in ihrer Gesamtheit einen Sinn ergeben, damit die Schöpfung für jeden einzelnen Menschen zu erfassen ist. Es bildet auch gleichzeitig einen Grundstock dafür, um den gewonnenen Glauben in seiner ganzen Bedeutung zu leben. Es geht auch daraus hervor, dass all das behandelt wird, was ein friedliches und sinnvolles gesellschaftliches Miteinander der Menschen ausmacht und empfiehlt. Es gewährt auch zugleich den Hinweis auf ein gottgefälliges Dasein, um ein verheißungsvolles und friedfertiges Leben zu erwarten. Dabei sind die Beweggründe doch recht einfach zu befolgen, wenn man erkennt, dass Wissenschaft und Glaube in ihrer Gemeinsamkeit eine begreifbare Erkenntnis darstellt, die uns Menschen doch einander näher bringen sollten.

Aber, es wird heute immer mehr, von verschiedenen gottlosen Gruppierungen, der Versuch unternommen, den noch gläubigen Menschen ihren Glauben mit allen Mitteln zu nehmen. Solche Leute wollen dazu beisteuern, dass die Zuversicht an die biblischen Lehren, die von vielen Religionsgruppen vertreten werden, schleunigst verschwindet, wobei sie Genossen für einen „sachlichen Atheismus" gewinnen wollen. Es sind auch schon viele Bücher im Umlauf, die genau darauf zielen, den Menschen ihre Gottgläubigkeit zu vermiesen. Wobei mit Spott und Hohn sowie mit falschen Überlegungen nicht gespart wird. Von Achtung und Toleranz, ist aber nichts mehr zu merken, obwohl gerade diese Tugenden doch von ihnen so hervorgehoben werden.

Was überrascht, ist, dass bestimmte Autoren behaupten, die Wissenschaft sei das A und O des rationalen Denkens, aber selbst überhaupt nicht wissenschaftlich schreiben. Sie errichten im Namen der Wissenschaft die Natur und den Atheismus zur Einstellung und damit zum Prinzip. Ohne dabei zu bemerken, dass diese „Lehre" noch nicht einmal im Ansatz das wissenschaftlich zu erklären vermag, was in der Gesamtschöpfung uns geboten wird. Die Erklärung allen kausalen Ursprungs bleibt uns die Wissenschaft schuldig. Auch wenn man in unserer heutigen Zeit schon viele Erkenntnisse über unser

Dasein und dem dazugehörenden Universum erforscht hat, dann ist das doch, zu der gesamten komplexen Erscheinung, noch lange nicht die finale Lösung. Ihr Glaube liegt also in dem Unvollkommenen, das sich ohne erkennbaren Sinn darstellt. Dabei werden sie den Zusammenhang und deren Bedeutung nie erfassen. Einfach nur traurig und bedauernswert.

Um den Menschen, trotz alle dem, was ihnen auf dieser Welt an guten und vor allem an schlechten Ereignissen entgegen schlägt, auch die Aussicht zu verleihen, dass sie nie alleine sind und auch nie im Stich gelassen werden, hat Jesus vor seiner Himmelfahrt uns allen eine große Hoffnung und Zuversicht hinterlassen. Denn ER tröstete uns mit den viel versprechenden Worten:

"...und sehet, ich bin bei euch alle Tage, bis an das Ende der Welt!"

Epilog

Das folgende Gedicht ist in der
Halle des Gebäudes der Vereinten Nationen
(UNO) zu New York angebracht.

Adams Kinder sind als Glieder fest miteinander

verbunden, dass sie der Schöpfung aus eigener

einzigen Perle enstunden,

fügt schon ein einziges Glied Leid hinzu der Welt,

die anderen Glieder solches Tun in Aufruhr hält.

Dir, der dich Not und Pein der anderen nicht berührt,

geziemt es nicht, dass dir der Name <u>Mensch</u> gebührt.

S a a d i
Persischer Dichter (1191 – **1291**)

Buchhinweis

Friedel Zimmermann

Piscis

Der Zeitpunkt
der Geburt Christi
und unser Kalender

vor Christi 0 ? **nach** Christi

Geburt

Oder:

*Was hat die Astronomie
mit der Bibel zu tun?*

Friedel Zimmermann

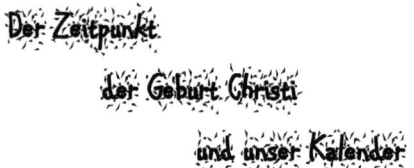

Der Zeitpunkt

der Geburt Christi

und unser Kalender

In dem vorliegenden Werk wird versucht, auf
die Fragen eine Antwort oder eine Erklärung
zu finden, die die Herkunft unseres derzeitigen
gültigen Kalenders hervorrufen.

Woher kommt er?
Wo liegt der Ursprung?
Wie kam die Zeiteinteilung zustande?
Worauf bezieht sich der Ausgangspunkt?
Was war der Anlass für den Beginn der Zeitrechnung?
Woher weiß man wann der Anfangspunkt war?
Wo ist er überall gültig? ...und und und.

Ob diese Fragen alle zufriedenstellend zu lösen
sind, ist fraglich. Aber es gibt viele Berichte und
Hinweise, die aus den gestellten Fragen zumindest
eine schöne und interessante Geschichte machen.

Übrigens: Auch die „Hl. Drei Könige" spielen dabei eine große Rolle!

9 783748 121152

64 Seiten, Paperback
Verlag: Books on Demand
ISBN-13: 9 783748 121152
Preis: 9,90 €

Auch als E-Book erhältlich